Isabel Buchwald-Wargenau
Arwen Dammann
Irene Martius

DEUTSCH-TURBO

MATERIALIEN FÜR DEN JOB-BSK
Deutsch als Zweitsprache

Kursbuch
plus interaktive Version

Hueber Verlag

„Deutsch-Turbo" basiert auf dem Titel „Im Berufssprachkurs A2".

Fachdidaktische Beratung „Im Berufssprachkurs A2":
Susanne Oberdrevermann, Bad Münstereifel
Barbara Tolkiehn, Hamburg
Desző Kónya, Esslingen am Neckar
David Stops, Berlin

Im **Lehrwerkservice** unter www.hueber.de/deutsch-turbo finden Sie ergänzende Materialien.

001 Die **Aufnahmen der Hörtexte** stehen unter den angegebenen Tracks als MP3-Dateien unter www.hueber.de/deutsch-turbo zum kostenlosen Download bereit.

016 Das **Audiotraining für die Seiten „Kommunikation & Grammatik"** im Kursbuch können Sie ebenfalls unter www.hueber.de/deutsch-turbo abrufen.

→ AB Dieses Zeichen weist auf Übungen im **Arbeitsbuch** hin. Die genaue Zuordnung ist im Arbeitsbuch ersichtlich.

Superlativ: *am* + Adjektiv + *-(e)sten*
Dieser Schrank ist am höchsten. +++
Die Kommode ist am größten. +++
Dieses Holz ist am härtesten. +++

Eine ausführliche **Übersicht über die Grammatikthemen** aus den **Grammatikkästen** befindet sich auf der „Kommunikation & Grammatik"-Seite nach jeder Lektion. Im Anhang des Kursbuchs steht eine lektionsübergreifende Grammatikübersicht zu Verfügung.

•••• An Stellen, wo es sinnvoll ist, sind die Genera und der Plural der Nomen durch farbige Punkte gekennzeichnet: • Blau steht für das Maskulinum, • Grün für das Neutrum, • Rot für das Femininum, • Gelb steht für den Plural.

Eine gendersensible Sprache ist uns wichtig. Daher haben wir in Texten und Realien ganz bewusst unterschiedliche Umsetzungsweisen gewählt, um die Lernenden an die Vielschichtigkeit der derzeitigen sprachlichen Praxis in den deutschsprachigen Ländern heranzuführen.

3. 2. 1. | Die letzten Ziffern bezeichnen
2028 27 26 25 24 | Zahl und Jahr des Drucks.

Alle Drucke dieser Auflage können, da unverändert, nebeneinander benutzt werden.
1. Auflage

Umschlaggestaltung: Sieveking Agentur, München
Layout und Satz: Sieveking Agentur, München
Verlagsredaktion: Julia Guess, Ingo Heyse, Karin Ritter, Majanka Schwarz, Hueber Verlag, München
Druck und Bindung: Westermann Druck Zwickau GmbH, Zwickau
Printed in Germany
ISBN 978–3–19–561190–9

Art. 530_31088_001_01

Im Berufssprachkurs – sprachlich fit für jeden Beruf!

Deutsch-Turbo – Materialien für den BSK ist ein berufssprachliches Lehrwerk für Erwachsene, die Deutsch als Zweitsprache lernen. Die Lernenden stehen unmittelbar vor der Aufnahme einer beruflichen Tätigkeit oder erweitern und vertiefen ihre Deutschkenntnisse berufsbegleitend.

In der vorderen Umschlagseite innen befindet sich ein individueller Code, der den Zugriff auf die interaktive Version ermöglicht (Medienplattform / App *Hueber interaktiv*). So lässt sich das Lehrwerk neben dem Präsenzunterricht auch im Online- und im Hybridunterricht einsetzen und auch für Blended-Learning-Formate nutzen. Die Lernenden können die interaktiv umgesetzten Übungen bei Bedarf auch mehrfach bearbeiten und so mehr Sicherheit gewinnen.

Jede Lektion des Lehrwerks zeigt eine Person aus der Lebenswelt der Lernenden in einem Beispielberuf und bietet so Identifikationsmöglichkeiten. Anhand dieser Beispielberufe werden die Lernenden mit typischen beruflichen Situationen vertraut gemacht, erarbeiten Redemittel, Wortschatz und Strukturen und werden so befähigt, in einem beruflichen Kontext sprachlich zu handeln – wie zum Beispiel *Unterweisungen verstehen, Arbeitsaufträge verstehen, Aufgaben übernehmen und dokumentieren, einen Lieferschein mit einer Bestellung abgleichen* etc. Der Lernstoff wird dabei in kleinen Portionen abwechslungsreich präsentiert und geübt.

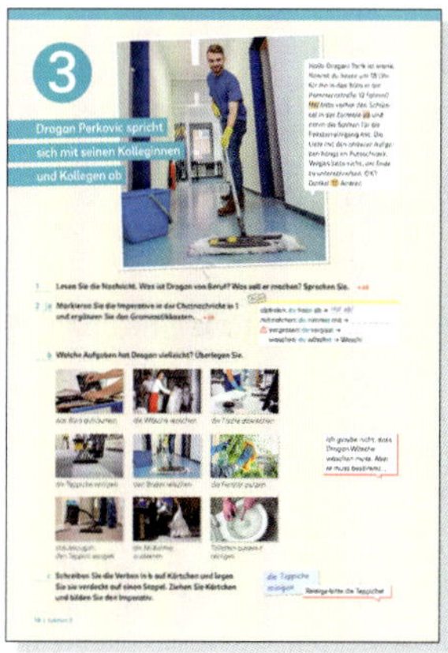

Die beruflichen Kontexte sind dabei immer nur Beispiele. Indem das Gelernte auf den individuellen Beruf und die konkreten Aufgaben und auch Texte des jeweiligen Arbeitgebers bzw. Berufsfelds übertragen wird, lässt sich schnell eine Personalisierung / ein Transfer auf die Situation der einzelnen Lernenden realisieren. Es ist daher ratsam, vor oder bei Kursbeginn bei Arbeitgebern ebenso wie bei den Lernenden zu sammeln, welche kommunikativen Bedürfnisse es gibt, welche Aufgaben am Arbeitsplatz / im Beruf konkret zu bewältigen sind und welche (schriftlichen und mündlichen) Textsorten im Kurs behandelt werden sollten. Durch diese Informationen und Realien aus der jeweiligen Firma / dem jeweiligen Berufsfeld lässt sich *Deutsch-Turbo* schnell an den individuellen Lernbedarf anpassen.

Um diesen Transfer auf die individuelle berufliche Situation zu erleichtern, stehen in der interaktiven Version zusätzlich Erweiterungsmaterialien zu Verfügung – Kopiervorlagen zu ausgewählten allgemein berufssprachlichen, aber auch zu fach- / berufsspezifischen Themen, die je nach beruflichem Interesse der Lernenden eingesetzt werden können.

Viel Erfolg und Spaß mit *Deutsch-Turbo*!

Kursbuch

1

Jomel Aquino beginnt seinen neuen Job

Lieber Herr Aquino,
willkommen bei der RIWALOG! Bitte kommen Sie am 5.3. um 8 Uhr zum Lager. Ihr Teamleiter, Michael Fuentes, holt Sie am Eingang ab.

Viele Grüße
Julia Krause
Personalabteilung

1 | a Lesen Sie die E-Mail. Wann und wo soll Jomel Aquino an seinem ersten Arbeitstag sein? Wen trifft er dort? → AB

Herr Aquino soll ...

b Wann und wo war / ist der Treffpunkt an Ihrem ersten Arbeitstag?

Bei mir war / ist es so: Der Termin war / ist am ... um ...
Herr / Frau ... hat mich abgeholt / holt mich ab.

2 | a Michael Fuentes begrüßt Jomel Aquino. Was ist richtig? Hören und umkreisen Sie.

001 **Jomel Aquino:** Ich bin auf den Philippinen / in Deutschland aufgewachsen. Nach der Schule habe ich ein Praktikum / eine Berufsausbildung als Fachkraft für Lagerlogistik gemacht und dann mehrere Jahre als Gabelstaplerfahrer / Kommissionierer gearbeitet.

Michael Fuentes: Ich bin seit vier / zwei Jahren bei der RIWALOG tätig. Mein Vater kommt aus Spanien / Argentinien. Ich habe Berufskraftfahrer / Fachlagerist gelernt und dann Kurse / Trainings gemacht.

● der Gabelstapler

b Über welche Personen spricht Michael Fuentes? Hören Sie noch einmal und notieren Sie.
001

Tipp: Achten Sie auf Namen und Positionen. Machen Sie nach jedem Gespräch Notizen.

c Stellen Sie sich selbst kurz vor. Die Sätze in 2 helfen Ihnen.

Mein Name ist ... /
Ich bin ...

A Informationen am ersten Arbeitstag verstehen

A1 | a 002 **Jomel Aquino bekommt erste Informationen. In welcher Reihenfolge spricht Michael Fuentes über die Themen? Hören und nummerieren Sie (1–4).** → AB

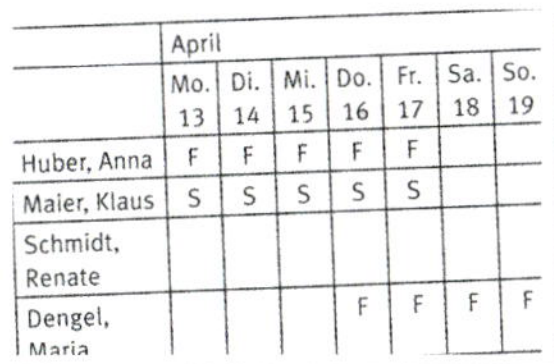

...... ● das Team

...... ● der Dienstplan

...... ● der Urlaubstag / Urlaub

...... ● die Arbeitszeit-erfassung

b Welches Wort passt? Markieren Sie. Hören Sie und kontrollieren Sie.

002
1 neue Herausforderungen spannend erklären / finden
2 die Arbeitszeiten bekommen / erfassen
3 den Chip an das Gerät halten / vorstellen
4 in Voll- / Teilzeit arbeiten / registrieren
5 die Früh- oder die Spätschicht halten / übernehmen
6 Urlaub nehmen / zeigen
7 Probezeit bringen / haben
8 in der Kantine nehmen / essen

● die Kantine

c Hören Sie noch einmal und ergänzen Sie.

002 haben | nehmen kannst | ~~registrierst~~ | zeigst und erklärst

	Nebensatz	
Es ist wichtig,	dass du die Arbeitszeiten	*registrierst.*
Du weißt ja,	dass wir hier Schichtdienst	
Ich denke,	dass du einen Urlaubstag	
Danke,	dass du mir das alles	

d Wie ist es bei Ihnen? Ergänzen Sie die Informationen.

Wie viele **Arbeitsstunden** pro Woche arbeiten Sie? ....

Welche **Arbeitszeiten** haben Sie?	**Arbeitsbeginn**	**Arbeitsende**
Montag	....	....
Dienstag	....	....
Mittwoch	....	....
Donnerstag	....	....
Freitag	....	....
Samstag	....	....
Sonntag	....	....

Welche **Pausen** haben Sie? ....

Wie viele **Urlaubstage** pro Jahr haben Sie? ....

Wie lange ist die **Probezeit**? ....

B Wege und Sicherheitsanweisungen verstehen

B1 | a Hören Sie den ersten Teil des Gesprächs. Wo ist Jomel Aquino? Sprechen Sie im Kurs. → AB

003

b Hören Sie das ganze Gespräch. Welche Orte hören Sie? Kreuzen Sie an.

004

☒ ● Pausenraum ○ ● Kopierraum ○ ● Umkleide ○ ● Lagerzone ○ ● Kantine ○ ● Warenausgang

c Wie gehen Frau Krause und Jomel Aquino? Sehen Sie den Plan an. Hören Sie dann das Gespräch noch einmal und zeichnen Sie den Weg ein.

004

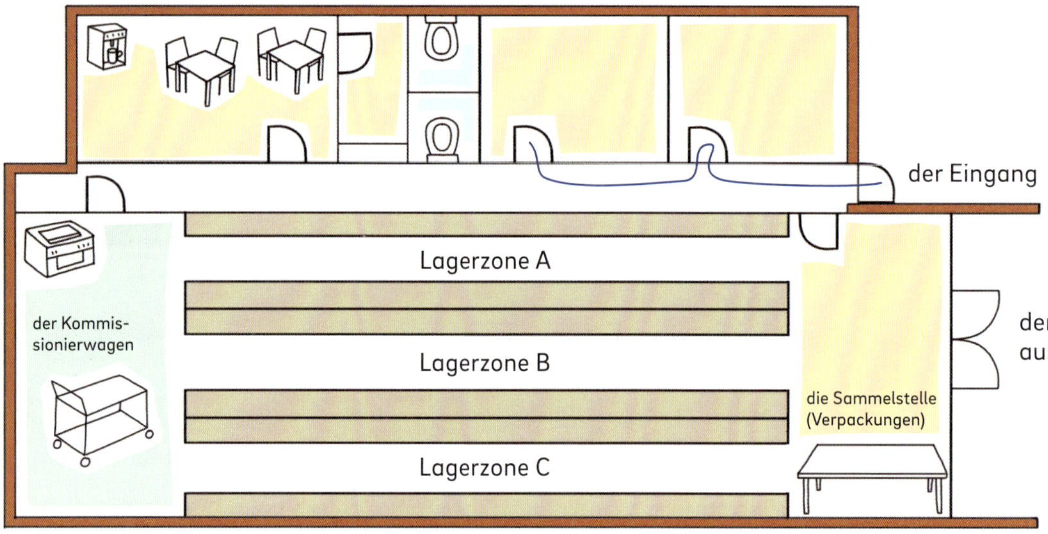

B2 | a Hören Sie Teile des Gesprächs noch einmal. Was hören Sie? Kreuzen Sie an. → AB

005

1 ☒ Hier ○ Da nebenan ist gleich das Büro von Herrn Markwort, unserem Logistikleiter.
2 ○ Da ○ Dort hinten ist ein Kaffeeautomat.
3 ○ Hinten rechts ○ Hinten links sind die Toilette und die Umkleide.
4 ○ Da unten ○ Da oben im Regal liegen die leeren Kartons.

vorne ↙
hinten ↗
oben ↑
unten ↓
links ←
rechts →

b Wo ist das Handy? Verbinden Sie.

1 hier / hier vorne 2 da 3 dort / dort hinten

A

B

C

B3 Wo ist …? Benutzen Sie einen Raumplan aus Ihrer Firma und üben Sie mit den Wörtern aus B1 b.

Wo ist der Pausenraum?

Hier vorne.

B4 | a Hören Sie das Gespräch zwischen Jomel Aquino und dem Sicherheitsbeauftragten Ali Yüksel. Welche Arbeitskleidung bekommt Jomel Aquino? Ordnen Sie zu. → AB

🔊 006

● der Schutzhelm ● die Sicherheitshandschuhe ● die Sicherheitsschuhe ● die Warnweste

1 ....

2 ....

3 ....

4 ....

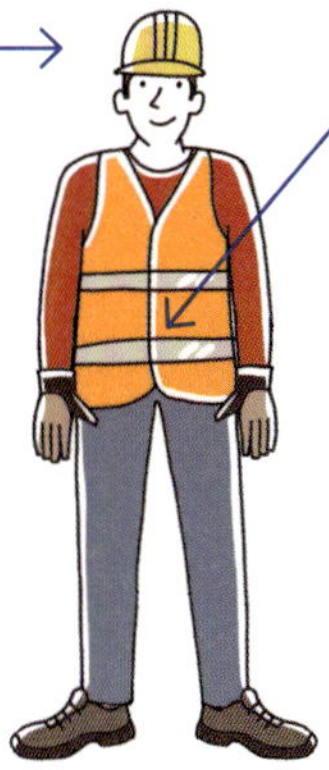

b Welche Schutzausrüstung gibt es in Ihrer Firma? Machen Sie eine Liste.

c Stellen Sie Fragen zur Schutzausrüstung und antworten Sie.

> ***nachfragen, wenn man etwas nicht verstanden hat***
> *Entschuldigung, was ist ein / eine …? / Was sind …? Das habe ich nicht verstanden.*
> *Ich verstehe das Wort … nicht. Können Sie / Kannst du mir das bitte erklären?*

Entschuldigung, was ist ein *Schutzhelm*? Das habe ich nicht verstanden.

Ein Schutzhelm schützt den Kopf.

Ich verstehe das Wort *Sicherheitsschuhe* nicht. Kannst du mir das bitte erklären?

Gern. Die Sicherheitsschuhe …

B5 | a Jomel Aquino ruft den Sicherheitsbeauftragten Ali Yüksel an. Er hat noch eine Frage. Hören Sie das Gespräch. Ergänzen Sie *dem* oder *den*. → AB

🔊 007

Jomel: Es passiert ein Unfall. Wen muss ich denn da informieren?
Ali: Du musst .... Sicherheitsbeauftragten informieren.
Jomel: Ich arbeite Spätschicht. Bei wem melde ich mich?
Ali: Bei .... Sicherheitsbeauftragten für die Spätschicht.

b Wen müssen Sie informieren? Verbinden Sie. Sprechen Sie dann wie im Dialog in a. Wie ist das in Ihrer Firma? Fragen Sie Ihre Kolleginnen / Kollegen.

1 Es gibt einen Autounfall.
2 Ich habe die EC-Karte verloren.
3 Die Heizung ist kaputt.

A ● Hausmeister
B ● Polizei
C ● Bank

Wen muss ich informieren?

Du musst den / die … informieren.

Bei wem melde ich mich?

Beim / Bei der …

Wen?	● den ● das ● die
Bei wem?	(bei ● dem) = beim (bei ● dem) = beim bei ● der

Small Talk

Extra

1 a **Lesen Sie. Welches Thema passt zu welcher Frage? Ordnen Sie zu.** → AB

Arbeitsort ~~Kaffeepause~~ Kantine Musikinstrument Verkehrsmittel

5 TIPPS FÜR SMALL TALK MIT DEN KOLLEG:INNEN

Du sitzt mit Kolleg:innen im Pausenraum und weißt nicht so richtig, was du sagen sollst. Stell doch einfach mal eine Frage. Dann antwortet die Kollegin / der Kollege und fragt vielleicht zurück. Und schon läuft das Gespräch. Welches Thema ist gut?

1. *Kaffeepause*: Trinkst du gern Kaffee oder lieber Tee?
2. ...: Fährst du lieber mit dem Fahrrad oder dem Auto?
3. ...: Was ist dein Lieblingsessen in der Kantine?
4. ...: Arbeitest du lieber drinnen oder draußen?
5. ...: Spielst du ein Instrument?

b **Hören Sie das Pausengespräch. Was sagt Ivo (I), was Tanja (T), was sagt niemand (X)? Ergänzen Sie.**

008

1 Ja, stimmt. *T*
2 Nimmst du auch einen? ...
3 Kennst du das auch? ...
4 Ja, das kenne ich. ...
5 Ah ja, das verstehe ich. ...
6 Und wie ist das bei dir? ...
7 Spielst du auch ein Instrument? ...
8 Das kann ich mir vorstellen. ...
9 Du hast recht. ...

c **Führen Sie ein Pausengespräch. Stellen Sie Fragen und antworten Sie.**

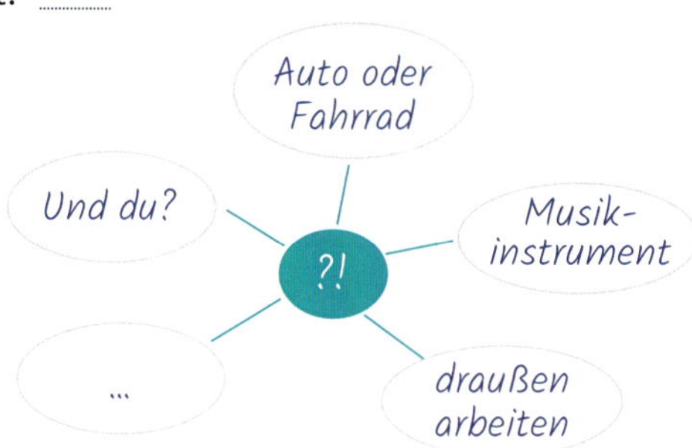

Kurze und lange Vokale: *e* und *i*

Aussprache

1 **Lange und kurze Vokale *e* und *i*. Hören Sie und sprechen Sie nach.**

009

1 e: sehr – leer – neben
2 e: kennenlernen – nett – rechts
3 i: kopieren – Kantine – ihn
4 i: immer – schicken – Frist

2 **Hören Sie lang (_) oder kurz (.)? Kreuzen Sie an.**

010

	lang	kurz		lang	kurz
1 Brille	○	☒	3 Café	○	○
2 Brief	○	○	4 essen	○	○

i / *e* + *h* → lang, z. B. ihn, sehr
ie → lang, z. B. passieren
ee → lang, z. B. leer

3 **Was passt? Verbinden Sie. Hören Sie dann und sprechen Sie nach.**

011

1 Sitzen Weste und Helm korrekt?
2 Geht das System nicht mehr?
3 Erklärt ihr ihm die Maschine?
4 Hilf mir bitte.

A langes i
B kurzes i
C langes e
D kurzes e

Kommunikation & Grammatik

1 K&G

nachfragen, wenn man etwas nicht verstanden hat 012

Entschuldigung, was ist ein / eine ...? / Was sind ...?
Das habe ich nicht verstanden.
Ich verstehe das Wort ... nicht.
Können Sie / Kannst du mir das bitte erklären?

Suchen Sie drei Lernwörter. Stellen Sie Fragen und antworten Sie.

Entschuldigung, was ist eine Kantine?

In der Kantine kann man ...

Small Talk 013

Und wie ist das bei dir?
Du hast recht. / Ja, stimmt.
Das kann ich mir vorstellen.
Ah ja, das verstehe ich. / Ja, das kenne ich.
Kennst du das auch?

Wählen Sie ein Thema *(Verkehrsmittel, Wetter, Musik, Sport ...)* und sprechen Sie.

Nebensätze mit *dass* 014

	Nebensatz	
Es ist wichtig,	dass du die Arbeitszeiten	registrierst.
Du weißt ja,	dass wir hier Schichtdienst	haben.
Ich denke,	dass du einen Urlaubstag	nehmen kannst.
Danke,	dass du mir das alles	zeigst und erklärst.

Weitere Ausdrücke mit *dass*-Satz: *Ich hoffe / finde / glaube / möchte, dass ... / Es tut mir leid, dass ..., / Hier steht, dass ...*

Sie haben eine neue Stelle. Was hoffen Sie? Was ist Ihnen wichtig? Schreiben Sie Sätze mit *dass*.

Ich hoffe, dass die Kolleginnen und Kollegen nett sind.

Lokaladverbien 015

oben ↑ unten ↓ links ← rechts →

hier / hier vorne

da

dort / dort hinten

Sehen Sie das Foto an und stellen Sie Fragen. Zeigen und antworten Sie.

Wo sind die Stifte?

Fragepronomen und Artikel im Akkusativ und Dativ 016–017

Wen? → Akkusativ

Wen muss ich informieren?	● Den Chef. ● Das Sicherheitspersonal. ● Die Personalabteilung.

Bei wem? → Dativ

Bei wem muss ich mich melden?	● (Bei dem) Beim Sicherheitsbeauftragten. ● (Bei dem) Beim Sicherheitspersonal. ● Bei der Personalabteilung.

Schreiben Sie vier Fragen. Geben Sie Tipps.

Ich habe meinen Büroschlüssel verloren. Bei wem melde ich das? / Wen informiere ich?
→ Du informierst deine Chefin.

2

Bahira Awad lernt eine Maschine kennen

Sehr geehrte Frau Awad,
Sehr geehrte Frau Levy,
Sehr geehrter Herr Mai,
herzlich willkommen in unserer Filiale am Markt. Wir freuen uns, dass Sie zu uns gewechselt sind, und wünschen einen guten Start! Sie werden oft unseren Rückgabeautomaten bedienen. Deshalb wird Ihnen Herr Kuhal am Mittwoch um 9 Uhr eine Einweisung in die Arbeit mit unserem neuen Rückgabeautomaten und eine Unterweisung zur Arbeitssicherheit geben. Im Anhang finden Sie dazu zwei Merkblätter.
Eine gute erste Woche wünscht Ihnen
Christine Pavo – Filialleiterin

1 Lesen Sie die E-Mail. Was ist richtig? Kreuzen Sie an. → AB

1 ☒ Frau Awad, Frau Levy und Herr Mai sind neu in der Filiale.
2 ○ Es gibt in dieser Woche zwei Termine.
3 ○ Herr Kuhal erklärt die Arbeit mit dem Rückgabeautomaten.
4 ○ Frau Pavo schickt zwei Merkblätter.

2 Lesen Sie das Merkblatt und die Sätze 1–4. Was ist falsch? Streichen Sie durch und korrigieren Sie. → AB

Info: Neuer Rückgabeautomat im Getränkemarkt

In unseren Filialen wird nach und nach der alte Rückgabeautomat ***Cancarer TC450*** durch den neuen ***Bottlecaare TX500*** ersetzt. Er hat bessere Funktionen:

- Er kann bis zu 5000 verschiedene Produkte annehmen (Glasflaschen, PET-Flaschen und Dosen).
- Er kann die Produkte selbstständig in sechs verschiedene Behälter sortieren.
- Er kann PET-Flaschen und Dosen kleiner machen.

Durch den ***Bottlecaare TX500*** wird unsere Arbeit also leichter und wir sparen Zeit. Jede:r Mitarbeiter:in wird eine Einweisung in das neue Gerät bekommen.

1 Alle Filialen bekommen den Automaten ~~Cancarer TC450.~~ *Bottlecaare TX500*
2 Die Maschine ist für Glasflaschen, PET-Flaschen und Behälter. ....
3 Die Maschine sortiert alles in 5000 verschiedene Behälter. ....
4 Die Maschine kann manche Produkte auch sauber machen. ....

3 Arbeiten Sie in Ihrer Firma / Ihrem Beruf mit Maschinen? Wie heißen diese Maschinen auf Deutsch? Recherchieren Sie und machen Sie eine Liste. → AB

Bei uns gibt es ...

A eine Unterweisung zur Arbeitssicherheit verstehen

A1 | a Lesen Sie das Merkblatt und ordnen Sie die Hinweise 1–8 den Schildern zu. → AB

ARBEITSSICHERHEIT und GESUNDHEITSSCHUTZ

Wir möchten, dass Sie bei uns sicher arbeiten. Deshalb wollen wir Ihre Gesundheit schützen und Gefahren und Unfälle vermeiden.

Bitte achten Sie unbedingt auf Folgendes:

1. Tragen Sie am Rückgabeautomaten immer Handschuhe.
2. Seien Sie vorsichtig mit Glasflaschen. Man kann sich an kaputtem Glas leicht verletzen.
3. Heben Sie schwere Kästen richtig. Gehen Sie in die Knie.
4. Manchmal kommt aus den Flaschen und Dosen noch Flüssigkeit. Dann ist die Gefahr groß, dass Sie ausrutschen und hinfallen. Deshalb: immer vorsichtig laufen. Wischen Sie Flüssigkeit auf dem Boden sofort auf.
5. Waschen Sie sich nach der Arbeit am Rückgabeautomaten die Hände.
6. In der Nähe des Rückgabeautomaten dürfen Sie nicht essen und trinken. Nutzen Sie dazu den Pausenraum.
7. Rauchen ist natürlich verboten.
8. Rechts neben dem Rückgabeautomaten gibt es einen Feuerlöscher.

A 6

B ......

C ......

D ......

E ......

F ......

G ......

H ......

b Was ist richtig? Lesen Sie das Merkblatt in a noch einmal und kreuzen Sie an.

1 Handschuhe sind ○ freiwillig. ☒ nötig.
2 Man muss bei der Arbeit mit ○ Glas ○ Handschuhen aufpassen.
3 Man muss ○ die Flaschen ○ die Flüssigkeit sofort aufwischen.
4 Nach der Arbeit muss man ○ die Hände ○ den Rückgabeautomaten waschen.
5 Beim Rückgabeautomaten darf man nicht ○ essen. ○ wischen.

c Ergänzen Sie den Grammatikkasten mit *muss* und *darf nicht*.

WDH

Man .... rauchen.

Man .... sich die Hände waschen.

⚠
Man darf nicht essen.
→ Essen ist verboten.
Man muss nicht essen.
→ Essen oder nicht essen, beides ist okay.

A2 Welche Schilder gibt es bei Ihnen in der Firma? Was bedeuten sie? Bringen Sie Fotos mit, recherchieren Sie und sprechen Sie. → AB

Ich habe gestern dieses Schild gesehen.
Es bedeutet: Man muss einen Helm tragen.

B die Bedienung einer Maschine verstehen und bei Schwierigkeiten um Rat fragen

B1 | a Hören Sie die Einweisung in den Rückgabeautomaten. Was erklärt Herr Kuhal?
018 Bringen Sie die Themen in die richtige Reihenfolge. → AB

Arbeits-ID ___ Display ___ Fehlermeldung ___ Gebrauchsanweisung ___
Schalter zum Einschalten und Ausschalten _1_ Warnmeldung ___

b Was passt zusammen? Hören Sie noch einmal und verbinden Sie.

018

1 Mit dem großen Schalter kann man	A bei einem Problem.
2 Mit dem Display kann man	B bei einem vollen Behälter.
3 Die Arbeits-ID ist	C eine persönliche Nummer.
4 Eine Warnmeldung kommt	D die Lösung für Probleme.
5 Eine Fehlermeldung kommt	E die Maschine steuern.
6 In der Gebrauchsanweisung findet man oft	F die Maschine ein- und wieder ausschalten.

c Lesen Sie den Grammatikkasten und ergänzen Sie.

WDH

• Welcher Schalter ...?	Dieser.
• Welches Produkt ...?	Dieses.
• Welche Nummer ...?	Diese.
• Welche Flaschen ...?	Diese.

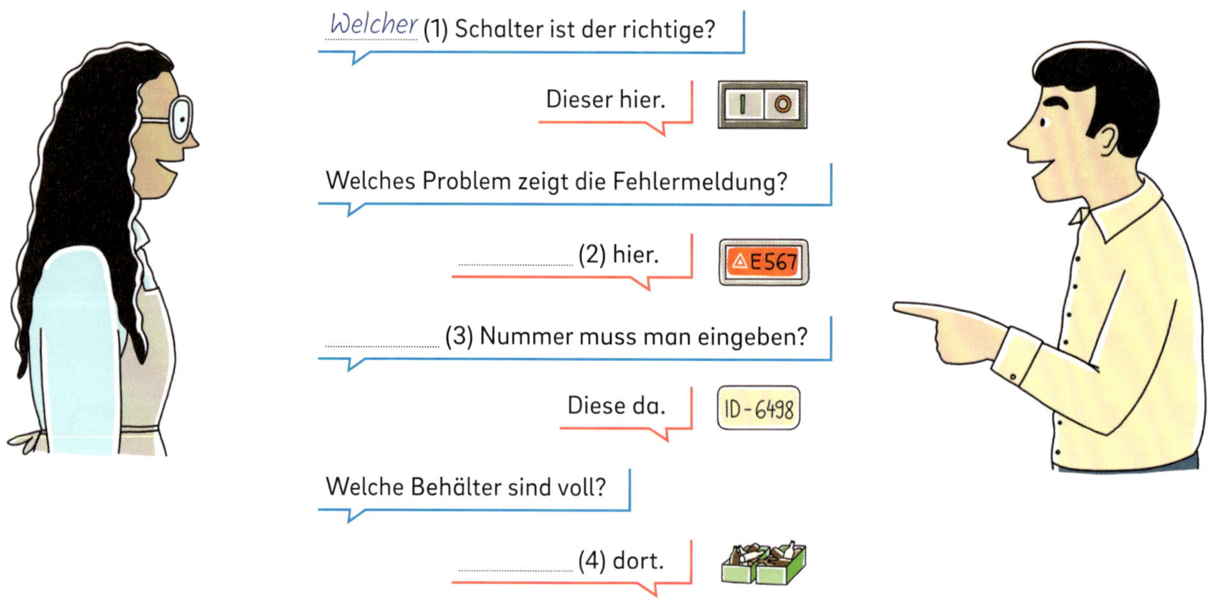

B2 Fragen und antworten Sie.

Welche Warnweste passt mir? — Diese dort.

- Warnweste / passen / mir?
- Raum / frei / sein?
- Handschuhe / passen / mir?
- Schild / bedeuten: / Hände waschen?

B3 | a **Hören Sie weiter. Was erklärt Herr Kuhal jetzt? Kreuzen Sie an.**

019
1 ○ Die Dosen sind im falschen Behälter. Was muss man tun?
2 ○ Der Behälter ist voll. Wie macht man ihn leer?
3 ○ Wie kann man die Container richtig sauber machen?

b **Was ist richtig? Hören Sie noch einmal und kreuzen Sie an.**

019
1 ☒ Das Display zeigt: Welcher Behälter ist voll?
2 ○ Man nimmt die Dosen mit der Hand aus dem Behälter.
3 ○ Die Container sind im gleichen Raum.
4 ○ Der Behälter kommt sofort wieder in die Maschine.

B4 | a **Welches Bild passt zu welchem Satz? Ordnen Sie zu.** → AB

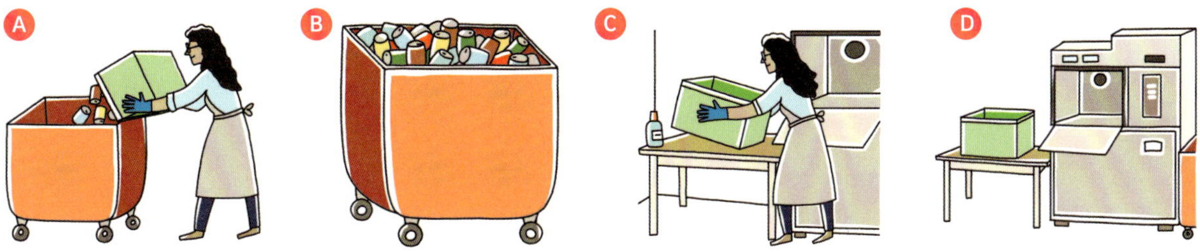

1 Man füllt die Dosen **in den** Container. *A*
2 Man stellt den Behälter **neben die** Maschine. ......
3 Die Dosen sind **im** Container. ......
4 Der Behälter steht **neben der** Maschine. ......

b **Ergänzen Sie die Artikel. Der Grammatikkasten hilft Ihnen. Hören Sie zur Kontrolle.**

020

***Wohin?* (+ Akkusativ)** Legen / Füllen / Stellen Sie die Flaschen ...		***Wo?* (+ Dativ)** Die Flaschen liegen / sind / stehen ...	
in	● den Rückgabeautomaten. ● das Gerät. ● die Maschine. ● die Behälter.	in	● dem Rückgabeautomaten. ● dem Gerät. ● der Maschine. ● den Behältern.
genauso: *neben, auf, unter, über, an, vor, hinter, zwischen*			

Tipp:
in dem = im
an + dem = am

Herr Mai: Und wie funktioniert das mit den PET-Flaschen? Müssen wir die auch in *den* (1) roten ● Container füllen?

Herr Kuhal: Nein, die PET-Flaschen sind in ...... (2) grünen ● Container. Aber Sie müssen auch die PET-Behälter neben ...... (3) ● Maschine stellen und sauber machen. Danach stellen Sie sie wieder in ...... (4) ● Automaten. Prüfen Sie: Steht der Behälter richtig in ...... (5) ● Maschine? Dann können Sie sie einschalten.

B5 **Einen Arbeitsraum aufräumen. Arbeiten Sie zu zweit auf S. 72.** → AB

B6 **Lesen Sie. Wählen Sie eine Maschine oder ein Gerät aus Ihrer Firma / Ihrem Beruf. Machen Sie Notizen und erklären Sie die Bedienung der Maschine / des Geräts in einer Sprachnachricht.** → AB

Hi, wie war die Einweisung heute? Ich war leider krank und bekomme einen neuen Termin dafür. Aber kannst du mir schon mal erzählen, wie das geht?

in eine Maschine einweisen
Der Automat / Die Maschine funktioniert fast komplett automatisch.
Zuerst musst du deine Arbeits-ID eingeben. Dann ...
Du musst Folgendes machen: Zuerst ... Dann ...
Ganz wichtig: Nimm ... nie mit der Hand aus dem Behälter!
Prüfe zuerst: ...? Dann kannst du ...

Arbeitsunfälle

Extra

1 a **Lesen Sie. Was ist richtig? Kreuzen Sie an.** → AB

Petrj94 

Hallo! Bei mir auf der Arbeit ist Unfallprävention ein großes Thema, also die Frage: Wie kann man vermeiden, dass ein Unfall passiert? Aber: Manchmal gibt es eben doch einen Unfall. Was macht man dann? Weiß das jemand?

samaraL

Ja, ich habe schon einmal einen Arbeitsunfall gesehen. Zuerst muss man sich natürlich um die verletzte Person kümmern. Danach muss man dem Arbeitgeber den Unfall melden. Der Arbeitgeber meldet den Unfall dann weiter an die Unfallversicherung. Man sagt: Er macht eine Unfallanzeige.

NikP

Das stimmt. Aber: Man kann nicht zu jedem Arzt gehen. Es muss ein Arzt für Arbeitsunfälle sein. (Er heißt Durchgangsarzt.) Und: Man muss einen Unfallbericht schreiben. Dort steht: Was ist wann, wo, wie, warum passiert?

Andy

Was viele nicht wissen: Auch auf dem Weg zur Arbeit oder nach Hause kann etwas passieren. Das ist dann auch ein Arbeitsunfall! Das heißt dann Wegeunfall.

ⓐ Petrj hatte einen Unfall und will wissen: Was muss er machen?
ⓑ Petrj will wissen: Was passiert nach einem Unfall?
ⓒ Petrj will wissen: Wie vermeidet man einen Unfall?

b **Wie heißt das? Lesen Sie den Text noch einmal und notieren Sie in Ihr Heft.**

1 Der Arbeitgeber muss einen Arbeitsunfall melden.
2 Dieser Arzt untersucht eine Person nach einem Arbeitsunfall.
3 Man muss einen Bericht schreiben.
4 Auch ein Unfall auf dem Arbeitsweg ist ein Arbeitsunfall.

1. die Unfallanzeige

c **Stellen Sie Fragen und erklären Sie die Wörter in b.**

Was ist ein Durchgangsarzt?

Ein Durchgangsarzt untersucht ...

Vokalneueinsatz

Aussprache

Tipp: Bei Vokalen am Wort- oder Silbenanfang gibt es eine kleine Pause und ein Knacken. Das hört man auch beim Husten.

1 **Lesen Sie den Tipp. Hören Sie dann die Wörter und sprechen Sie nach.**
◀)) 021

1 Arbeit
2 Essen
3 be|achten
4 Rückgabe|automat
5 Gebrauchs|anweisung
6 Durchgangs|arzt
7 Arbeits|unfall
8 Unfall|anzeige

2 **Wo gibt es einen Vokalneueinsatz? Markieren Sie. Hören Sie dann und sprechen Sie nach.**
◀)) 022

1 Rahel achtet ... Rahel lacht.
2 mit Tina mit Ina
3 Das ist im ... Das ist Tim.
4 die Kolleg*innen die Kolleginnen

Tipp: *Kolleginnen* meint nur Frauen; *Kolleg*innen* meint Frauen, Männer und diverse Personen.

3 **Hören Sie und sprechen Sie nach.**
◀)) 023

1 Bitte beachten Sie die Gebrauchsanweisung.
2 Bei einem Wegeunfall bitte den Durchgangsarzt anrufen.

Kommunikation & Grammatik

2 K&G

in eine Maschine einweisen 024

Der Automat / Die Maschine funktioniert fast komplett automatisch.
Zuerst musst du deine / müssen Sie Ihre Arbeits-ID eingeben. //
Zuerst müssen Sie / musst du die Maschine einschalten. Dann ...
Du musst / Sie müssen Folgendes machen: Zuerst ... Dann ... Danach ...
Ganz wichtig: Nimm / Nehmen Sie die Dosen nie mit der Hand aus dem Behälter! // Zieh / Ziehen Sie Handschuhe an!
Prüfe / Prüfen Sie zuerst: ...? Dann kannst du / können Sie ...

Welche Maschine kennen Sie gut? Erklären Sie: Wie funktioniert die Maschine?

WDH **Modalverben: *müssen* und *nicht dürfen*** 025–026

Man darf nicht rauchen.

Man muss sich die Hände waschen.

⚠ Man darf nicht essen. → Essen ist verboten.
⚠ Man muss nicht essen. → Essen oder nicht essen, beides ist okay.

Was darf man in Ihrem Deutschkurs nicht machen, was muss man machen? Schreiben Sie eine Liste.

1. Man darf nicht zu spät kommen.
2. Man muss ...

WDH **Fragepronomen *welch-* und Demonstrativpronomen *dies-*** 027–028

● Welcher Schalter ...?	Dieser.	Der.
● Welches Produkt ...?	Dieses.	Das.
● Welche Nummer ...?	Diese.	Die.
● Welche Flaschen ...?	Diese.	Die.

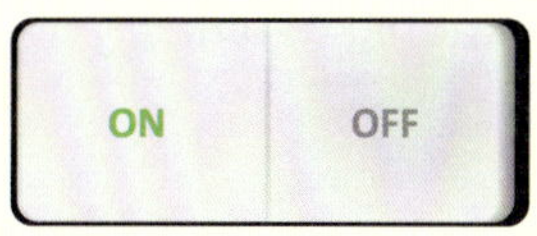

Zeigen Sie zwei Bilder von Gegenständen. Fragen und antworten Sie:

Welches Regal gefällt dir besser?

Dieses!

Wechselpräpositionen 029–030

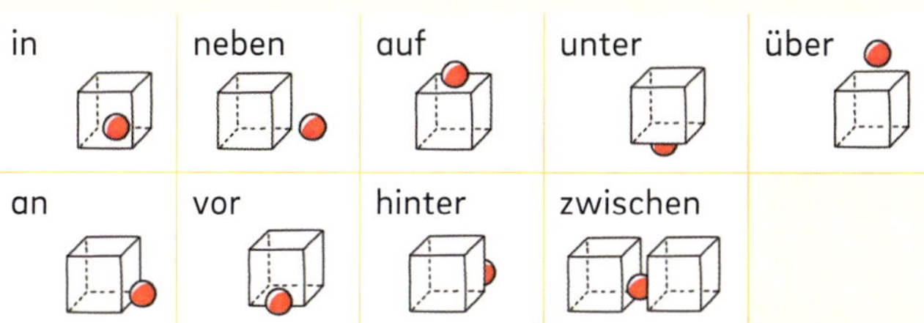

Beschreiben Sie das Bild. Wo liegt / steht was?

Der Kasten steht unter dem Tisch.

	***Wohin?* (+ Akkusativ)** A→B Legen / Füllen / Stellen Sie die Flaschen ...		***Wo?* (+ Dativ)** B Die Flaschen liegen / sind / stehen ...
in	● den Rückgabeautomaten. ● das Gerät. ● die Maschine. ● die Behälter.	in	● dem Rückgabeautomaten. ● dem Gerät. ● der Maschine. ● den Behältern.

Beschreiben Sie das Bild. Wohin legt / stellt Bahira was?

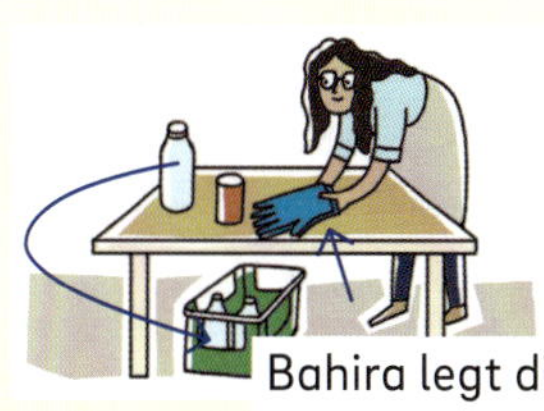

Bahira legt die Handschuhe ...

Positions- und Richtungsverben mit Wechselpräpositionen 031–032

***Wohin?* (+ Akkusativ)** A→B *stellen, legen, hängen*	***Wo?* (+ Dativ)** B *stehen, liegen, hängen*
Bahira stellt die Flasche in den Kasten.	Jetzt steht sie in dem Kasten.
Bahira legt die Handschuhe auf den Tisch.	Jetzt liegen sie auf dem Tisch.
Bahira hängt das Merkblatt an die Wand.	Jetzt hängt es an der Wand.

Machen Sie ein Foto in Ihrer Firma und beschreiben Sie: Wo steht / liegt was?

3 Dragan Perkovic spricht sich mit seinen Kolleginnen und Kollegen ab

Hallo Dragan! Tarik ist krank. Kannst du heute um 18 Uhr für ihn in das Büro in der Pommernstraße 12 fahren? Hol bitte vorher den Schlüssel in der Zentrale ab und nimm die Sachen für die Fensterreinigung mit. Die Liste mit den anderen Aufgaben hängt im Putzschrank. Vergiss bitte nicht, am Ende zu unterschreiben. OK? Danke! 🙂 Andrea

1 **Lesen Sie die Nachricht. Was ist Dragan von Beruf? Was soll er machen? Sprechen Sie.** → AB

2 | a **Markieren Sie die Imperative in der Chatnachricht in 1 und ergänzen Sie den Grammatikkasten.** → AB

WDH

ab|holen: ~~du~~ holst ab → *Hol ab!*
mit|nehmen: ~~du~~ nimmst mit → ....
⚠ vergessen: ~~du~~ vergisst → ....
waschen: ~~du~~ wäschst → Wasch!

b **Welche Aufgaben hat Dragan vielleicht? Überlegen Sie.**

das Büro aufräumen

die Wäsche waschen

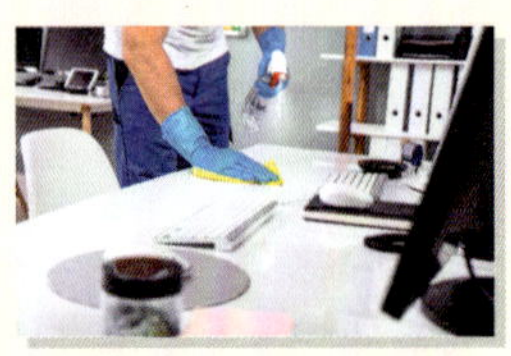
die Tische abwischen

die Teppiche reinigen

den Boden wischen

die Fenster putzen

staubsaugen, den Teppich saugen

die Mülleimer ausleeren

die Toiletten putzen / reinigen

Ich glaube nicht, dass Dragan Wäsche waschen muss. Aber er muss bestimmt ...

c **Schreiben Sie die Verben in b auf Kärtchen und legen Sie sie verdeckt auf einen Stapel. Ziehen Sie Kärtchen und bilden Sie den Imperativ.**

die Teppiche reinigen

Reinige bitte die Teppiche!

A Arbeitsaufträge verstehen

A1 **Was hat Dragan Perkovic (DP) am Mittwoch (nicht) gemacht? Sprechen Sie.** → AB

Aufgabenliste, Pommernstr. 12, KW 25

täglich:	Mo	Di	Mi	Do	Fr
• Mülleimer ausleeren	TK	TK	DP		
• Küche putzen	TK	TK	DP		
• Toiletten reinigen	TK	TK	DP		
• staubsaugen	TK	TK	DP		
• Böden wischen	TK	TK	DP		

wöchentlich: (immer am Mi oder Do)	für KW 25 erledigt:
• Staub wischen	
• Tische abwischen	DP
• Bildschirme und Tastaturen reinigen	
• Pflanzen gießen	

Zusätzliche Aufgaben in KW 25	erledigt:
• Fenster putzen	DP

Er hat die Mülleimer ausgeleert.

Ja, aber er hat nicht Staub gewischt.

A2 | a **Neben der Liste findet Dragan Perkovic noch eine Notiz.**
Markieren Sie die Imperative und ergänzen Sie sie im Grammatikkasten. → AB

WDH

bringen: Sie bringen → *Bringen Sie!*
wischen: Sie wischen → ....
benutzen: Sie benutzen → ....

– Bringen Sie den Plastikmüll bitte in den Container hinter dem Haus!
– Wischen Sie bitte auch den Eingang im Treppenhaus!
– Benutzen Sie für Bildschirme und Tastaturen bitte nur den Spezialreiniger!

b **Was muss eine Reinigungskraft an Ihrem Arbeitsplatz machen? Schreiben Sie eine kurze Notiz.**

Leeren Sie bitte täglich die Mülleimer aus!

A3 | a **Lesen Sie Dragans Nachricht. Warum schreibt er Tarik und Mirko? Sprechen Sie.** → AB

Hallo Tarik und Mirko! Geht es dir besser, Tarik? Ihr seid ja morgen zu zweit in der Pommernstraße. Kurze Info: Ich habe die täglichen Aufgaben und auch die Tische und die Fenster gemacht. Den Rest habe ich nicht geschafft. Also: Wischt bitte morgen Staub, reinigt die Bildschirme und Tastaturen und gießt die Pflanzen, ja? Dragan

b **Lesen Sie den Grammatikkasten und unterstreichen Sie in der Chatnachricht in a die Imperative.**

WDH

wischen: ~~ihr~~ wischt → Wischt!
reinigen: ~~ihr~~ reinigt → Reinigt!

c **In Ihrer Firma: Sie sind morgen nicht da. Schreiben Sie eine Liste für die Kolleginnen und Kollegen: Was sollen sie tun?**

Räumt bitte im Lager auf.

B eine Arbeitseinweisung verstehen

B1 ◀) 033 **Hören Sie die Sprachnachricht von Dragan Perkovics Chefin Andrea Brückner. Welche Antwort passt am besten? Kreuzen Sie an.**

Die Chefin möchte, dass

ⓐ die neue Kollegin Dragans Tour übernimmt.
ⓑ die neue Kollegin morgen zuerst die Zentrale putzt.
ⓒ Dragan der neuen Kollegin alles zeigt.

B2 ◀) 034 **Hören Sie das Gespräch zwischen der neuen Kollegin Susanna Nowak und Dragan Perkovic am nächsten Tag. Was ist richtig? Kreuzen Sie an.** → AB

1 Dragan erklärt, dass
ⓐ die Listen in allen Büros gleich sind.
ⓑ es immer tägliche und wöchentliche Aufgaben gibt.
ⓒ es jede Woche eine zusätzliche Aufgabe gibt.

2 In der Küche sollte man immer zuerst
ⓐ den Boden wischen.
ⓑ den Müll rausbringen.
ⓒ die Kaffeemaschine reinigen.

3 Es gibt Putzlappen in vier Farben, weil
ⓐ die Arbeit so hygienischer ist.
ⓑ jede/r einen eigenen Lappen hat.
ⓒ man so nichts vergisst.

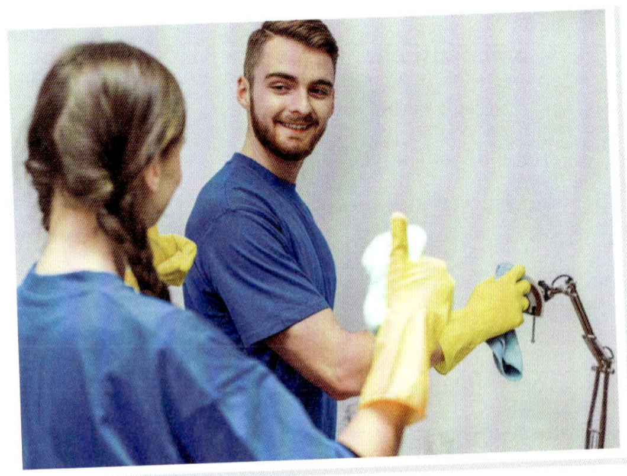

B3 | a Welcher Satz hat eine ähnliche Bedeutung? Verbinden Sie. → AB

1 Einige Sachen werden täglich gemacht.
2 Die Tische werden abgewischt.
3 Der Müll wird rausgebracht.
4 Der Boden wird gewischt.

A Man wischt die Tische ab.
B Einige Sachen machen wir täglich.
C Wir wischen den Boden.
D Jemand bringt den Müll raus.

b Formen Sie die Sätze um wie in den Beispielen in der Tabelle.

1 Wir putzen die Fenster.
2 Man reinigt die Kaffeemaschine.
3 Wir leeren den Müll aus.
4 Jemand putzt täglich die Küche.

1. Die Fenster werden geputzt.

Wir	wischen	den Boden.	
Der Boden	wird	(von uns)	gewischt.
Man	wischt	die Tische	ab.
Die Tische	werden		abgewischt.

B4 **Zu zweit: Besprechen Sie die Aufgaben der Woche. Person 1 arbeitet auf S. 78, Person 2 arbeitet auf S. 73.** → AB

B5 **Dragan Perkovic und seine Kolleginnen und Kollegen sprechen sich in Chatnachrichten ab. Lesen Sie die Nachrichten. Richtig oder falsch? Kreuzen Sie an.** → AB

Lieber Dragan, wenn du im 1. Stock fertig bist, kannst du dann kurz in den 2. Stock raufgehen? Die Firma hat angerufen, dass die Küche dort heute Morgen noch schmutzig war. Kannst du das kurz machen? Danke! Andrea

1 Dragan soll morgen die Küche im 2. Stock putzen. ○ richtig ○ falsch

Hallo Mirko! Bist du gerade in der Baumstraße? Kannst du mir einen Gefallen tun? Ich habe gestern vergessen, den Müll runterzubringen. Kannst du das machen? Die Mülleimer habe ich ausgeleert, aber die vollen Müllbeutel stehen noch in der Küche. Sorry & Danke! Dragan

2 Mirko soll die Mülleimer in der Baumstraße ausleeren. ○ richtig ○ falsch

Guten Morgen, Leute! Kommt heute früh jemand von euch zur Zentrale? Ich stehe vor der Tür, aber ich habe meinen Schlüssel vergessen und komme nicht rein. Ich wollte Putzlappen für die Büros in der Hafenstraße abholen ... LG Susanna

3 Susanna kann die Tür zur Zentrale nicht öffnen. ○ richtig ○ falsch

Hallo Andrea! Ich habe in der Merseburger Straße eine Notiz gefunden. Ich soll die Pflanzen aus den Büros rausbringen und überall saugen. Aber hier sind vier richtig große, schwere Pflanzen. Die kann ich nicht alleine raustragen. Kann jemand kommen und mir helfen? Oder soll ich einfach drum herum saugen? Gruß Tarik

4 Tarik braucht Hilfe mit den Pflanzen. ○ richtig ○ falsch

Hallo Mirko! Susanna ist in der Brandenburger Straße 24. Sie hat ein paar Fragen. Du bist doch gerade in der Brandenburger Straße 18, oder? Kannst du kurz zu ihr rübergehen und ihr helfen? Du kennst die Aufgaben dort ja sehr gut. Danke und Gruß Andrea

5 Mirko arbeitet in der Nähe von Susanna und soll ihr helfen. ○ richtig ○ falsch

B6 | a Welches Bild passt zu welcher Nachricht in B5? Ordnen Sie zu. → AB

A 1 B ..... C ..... D ..... E .....

b Was passt zusammen? Verbinden Sie.

1 nach oben	runter	4 rund um etwas	drum herum
2 nach unten	rauf	5 nach drüben	raus
3 nach drinnen	rein	6 nach draußen	rüber

c Wie kann man das auch sagen? Formulieren Sie um.

1 Bring bitte den Müll nach draußen!

2 Geh bitte nach unten ins Lager!

3 Geh bitte nach drüben und hilf Tarik!

4 Bring bitte den Schlüssel nach oben!

1. Bring bitte den Müll raus!

d Lesen Sie Ihre Lösungen aus c vor. Nehmen Sie den Auftrag an.

„ ***einen Auftrag annehmen***
Alles klar, / Ja klar, das mach ich.
Kein Problem, / OK, ich kümmere mich darum. "

Höflichkeit bei Arbeitsaufträgen

Extra

1 **Lesen Sie den Artikel. Was bedeuten die Farben Rot, Gelb und Grün? Sprechen Sie.** → AB

ARBEITSAUFTRÄGE GEBEN UND ANNEHMEN – ABER HÖFLICH!

Sie müssen bei der Arbeit oft Arbeitsaufträge geben?
Sie wollen dabei aber nicht unhöflich klingen? Die Höflichkeitsampel hilft Ihnen!

Hol den Eimer!	Holen Sie den Eimer!
Hol bitte den Eimer.	Holen Sie bitte den Eimer.
Kannst du (mal) den Eimer holen? Kannst du (mal) bitte den Eimer holen? Könntest du (mal) bitte den Eimer holen?	Können Sie (mal) den Eimer holen? Können Sie (mal) bitte den Eimer holen? Könnten Sie (mal) bitte den Eimer holen?

Und wie reagiert man höflich auf Arbeitsaufträge?
1. Man nimmt den Auftrag an 👍: Ja, mach ich! / Ja, kein Problem!
2. Man lehnt den Auftrag ab 👎: Das geht leider gerade nicht, weil …

Aber bitte: Nicht einfach ohne Antwort weggehen. Das ist nicht höflich.

2 **Hören Sie: Welche der Aussagen klingen höflich ●, welche neutral ● und welche nicht so freundlich ●? Machen Sie einen Punkt in der Farbe.** → AB

035

	Gespräch 1	Gespräch 2	Gespräch 3	Gespräch 4
Person 1	●			
Person 2				

3 **Formulieren Sie höfliche Arbeitsaufträge. Nehmen Sie die Aufträge an.**

1 die Tür schließen
2 das Fenster öffnen
3 die Tafel wischen
4 das Licht anmachen

Könntest du mal bitte …?

s und z

Aussprache

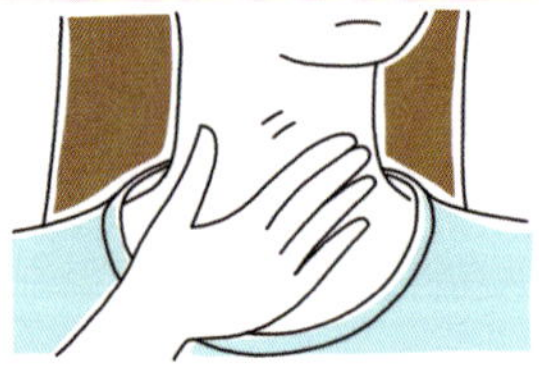

1 **Hören Sie, sprechen Sie nach und berühren Sie Ihren Hals. Was passiert? Vergleichen Sie.**

036

1  2 

s am (Silben-)Anfang: stimmhaft 

s nicht am (Silben-)Anfang, ss, ß: stimmlos 

z: Sprechen Sie ts!

2 **Hören Sie und sprechen Sie nach.**

037

1 so – sagen – Su|sanna – Per|son
2 das – Haus – heißen – lassen
3 zeigen – schmutzig – putzen – kurz

3 **Markieren Sie stimmhaftes s-, stimmloses -s und z.**
Hören Sie dann und sprechen Sie nach. Lesen Sie dann möglichst schnell.

038

Susanna saugt, bis das schmutzige Zimmer ganz sauber ist.
Bis das schmutzige Zimmer ganz sauber ist, saugt Susanna.

Kommunikation & Grammatik

3 K&G

Arbeitsaufträge geben 039
Kannst / Könntest du (mal) bitte …?
Können Sie / Könnten Sie (mal) bitte …?

einen Auftrag annehmen 040
Alles klar, / Ja (klar), (das) mach ich.
Kein Problem, / OK, ich kümmere mich darum.
Ja, kein Problem.

einen Auftrag ablehnen
Das geht leider gerade nicht, weil …

Geben Sie drei Arbeitsaufträge und nehmen Sie an / lehnen Sie ab.

Könntest du mal bitte das Fenster schließen?

Ja klar, das mach ich.

WDH **Imperativ** 041–043

2. Person Singular (du)
ab|holen: ~~du~~ holst ab → Hol ab!
mit|nehmen: ~~du~~ nimmst mit → Nimm mit!

⚠ vergessen: ~~du~~ vergisst → Vergiss!
waschen: ~~du~~ wäschst → Wasch!
reinigen: ~~du~~ reinigst → Reinige!

2. Person Plural (ihr)
wischen: ~~ihr~~ wischt → Wischt!
reinigen: ~~ihr~~ reinigt → Reinigt!

mit *Sie*

bringen:	Sie bringen	→	Bringen Sie!
wischen:	Sie wischen	→	Wischen Sie!
benutzen:	Sie benutzen	→	Benutzen Sie!

Suchen Sie im Lernwortschatz zu Lektion 3 (Arbeitsbuch) drei Verben. Schreiben Sie zu jedem Verb drei Sätze auf. Verwenden Sie die verschiedenen Imperativformen.

ausleeren
– Leer den Mülleimer aus!
– Leert den Mülleimer aus!
– Leeren Sie den Mülleimer aus!

Passiv 044–045

Aktivsatz	*Nom.* Wir	wischen	*Akk.* den Boden.	
Passivsatz	Der Boden *Nom.*	wird	(von uns) *(von + Dat.)*	gewischt.
Aktivsatz	*Nom.* Man	wischt	*Akk.* die Tische	ab.
Passivsatz	Die Tische *Nom.*	werden		abgewischt.

Das Subjekt aus dem Aktivsatz kann man, wenn nötig, mit *von + Dat.* ergänzen.

Welche Arbeiten werden in Ihrer Firma gemacht? Schreiben Sie fünf Sätze.

1. Kunden werden beraten.
2. Maschinen werden gereinigt.
…

Direktionaladverbien 046

nach oben	=	rauf	Bring bitte den Schlüssel rauf!
nach unten	=	runter	Geh bitte ins Lager runter!
nach drinnen	=	rein	Ich komme nicht rein.
nach draußen	=	raus	Bring bitte den Müll raus.
nach drüben	=	rüber	Kannst du kurz zu ihr rübergehen?
rund um etwas	=	drum herum	Saug einfach drum herum!

Was macht Dragan?
Machen Sie eine Skizze. Eine andere Person rät.

Dragan bringt den Müll runter.

4

Filipa Barros arbeitet im Schichtdienst

Hallo Filipa, ich habe ein Problem. 🙈 Ich habe nächste Woche ab Mittwoch Spätdienst. Am Mittwoch um 15 Uhr habe ich aber den Theorie-Test für meinen Führerschein ... Der Termin hat sich plötzlich noch einmal geändert. Kannst du am Mittwoch die Spätschicht für mich übernehmen? Ich mache dann für dich die Frühschicht! Geht das? Dann sage ich der Chefin Bescheid. Viele Grüße Ephraim

1 Lesen Sie die Chatnachricht. Richtig oder falsch? Kreuzen Sie an. → AB

1 Ephraim hat am Mittwoch eine Prüfung. ○ richtig ○ falsch
2 Er hat den Termin vergessen. ○ richtig ○ falsch
3 Er will mit Filipa den Dienst tauschen. ○ richtig ○ falsch

2 Warum tauscht man einen Dienst? Sammeln Sie Gründe im Kurs.

Gründe — *Prüfungstermin*

3 Mit wem würden Sie die Schicht tauschen? Lesen Sie und sprechen Sie. → AB

Kannst du morgen mit mir die Schicht tauschen? Du weißt ja, ich mag die Frühschicht nicht. Ich schlafe einfach lieber länger ... LG Ruben

Du, am Donnerstag kommt mein neuer Kühlschrank. Ich muss zwischen 16 und 20 Uhr zu Hause sein. Könnten wir den Dienst tauschen? Viele Grüße Zilia

Meine Tochter ist krank und meine Frau muss morgen Vormittag arbeiten. Könnten wir den Dienst tauschen? Ich übernehme die Spätschicht und du arbeitest früh? VG Felix

Ich würde die Schicht mit ... tauschen. Ich finde, dass ...

4 Haben Sie schon mal eine Schicht getauscht? Warum? Sprechen Sie. → AB

Ich habe mal die Nachtschicht für eine Kollegin übernommen. Sie hatte in der Nacht niemanden für ihren kleinen Sohn.

A Dienstpläne und Urlaubspläne verstehen

A1 | a **Sehen Sie den Dienstplan an. Was ist richtig? Kreuzen Sie an.** → AB

DIENSTPLAN

Mitarbeiter/in Filiale 1	Mittwoch, 14.04.	Donnerstag, 15.04.	Freitag, 16.04.
Juana	13.30–22.00 Uhr	Urlaub	Urlaub
Ephraim	13.30–22.00 Uhr	13.30–22.00 Uhr	13.30–22.00 Uhr
Tom	05.00–13.30 Uhr	05.00–13.30 Uhr	05.00–13.30 Uhr
Filipa	05.00–13.30 Uhr	13.30–22.00 Uhr	13.30–22.00 Uhr
Andrej	Urlaub	05.00–13.30 Uhr	05.00–13.30 Uhr

1 ☒ Ephraim hat immer Spätdienst.
2 ○ Filipa hat zweimal Frühdienst.
3 ○ Andrej und Juana haben nicht am gleichen Tag Urlaub.
4 ○ Es haben immer zwei Personen Früh- und zwei Personen Spätschicht.
5 ○ Ephraim und Andrej arbeiten von Mittwoch bis Freitag nie zusammen.
6 ○ Filipa hat am Freitag eine gemeinsame Schicht mit Tom.

b **Lesen Sie noch einmal Ephraims Chatnachricht auf S. 24. Sehen Sie dann Filipas privaten Kalender an. Kann sie mit Ephraim tauschen? Warum (nicht)? Sprechen Sie.**

●●●●● D-Net

Mittwoch, 14.04.
15:00
16:00 Wohnung anschauen (2 Zimmer, Lauerstr., günstig!!)
17:00

A2 | a **Lesen Sie die Chatnachrichten und schreiben Sie eine Antwort an Ephraim.** → AB

Hallo Filipa, du hast mir noch gar nicht geantwortet.
Kannst du am Mittwoch deinen Dienst mit mir tauschen?

Hallo Ephraim, Entschuldigung, ich hatte viel zu tun! Am Mittwoch kann ich leider nicht mit dir tauschen, tut mir leid.

Oh, schade!! Warum denn nicht? Es ist wirklich wichtig!

Es geht leider nicht, weil ...

Bedauern ausdrücken
Entschuldigung, ...
Tut mir leid.
Es geht leider nicht, weil ...

Wichtigkeit betonen
Der Termin ist echt / wirklich wichtig.
Ich kann den Termin nicht verschieben.

b **Analysieren Sie Ihre Nachricht. Ist sie freundlich formuliert? Woran sieht man das?**

A3 **Den Dienst tauschen. Arbeiten Sie zu zweit auf Seite 74.** → AB

B sich im Team besprechen

B1 | a Das Team der Filiale 1 bespricht die Urlaubsplanung. Wer macht in welchem Monat Urlaub? Hören Sie und kreuzen Sie an. → AB

047

	Filipa	Tom	Juana	Ephraim	Andrej
Juni	x				
Juli					
August					

b Hören Sie noch einmal. Was ist richtig? Kreuzen Sie an.

047

1 ○ Filipa möchte ihre Oma und ihren Opa einladen.
2 ○ Juana und Tom möchten zur gleichen Zeit Urlaub nehmen.
3 ○ Juana nimmt sich kurz vor Tom frei.
4 ○ Ephraim kann am Freitag und am Montag Urlaub machen.
5 ○ Andrej wählt einen anderen Tag für seinen Urlaub.

B2 Lesen Sie und ergänzen Sie *für, im, in, über.* Hören Sie dann zur Kontrolle. → AB

048

1 Ich möchte für eine Woche nach Lissabon fahren.
2 Ich möchte gern ________ August zwei Wochen freihaben.
3 Mein Bruder kommt da ________ das lange Wochenende zu Besuch.
4 ________ einer Woche nehme ich zwei Tage frei.

Tipp:

über das	=	übers
in dem	=	im
an dem	=	am
von dem	=	vom

***in* + Dat.**	in zehn Tagen, in einer Woche, im Mai, im Frühling
***für* + Akk.**	für drei Tage, für eine Woche
***über* + Akk.**	über Ostern, über die Feiertage, übers Wochenende

WDH

***an* + Dat.**	am fünften Mai, am Montag
***von* + Dat. … *bis* + Dat.**	vom fünften bis zehnten Mai, von Montag bis Freitag, von Mai bis Juni

B3 Finden Sie zwei Dialoge (1–3 und A–C) und schreiben Sie sie in Ihr Heft. Sprechen Sie. → AB

____ ◆ Kein Problem. Dann mache ich Ende Mai Urlaub.
____ ○ Oh, im Juli möchte ich auch freinehmen.
1 ◆ Ich würde gern vom 1. bis 8. Mai Urlaub nehmen.
____ ◆ Wir können es so machen: Du nimmst die erste Juliwoche frei, ich die zweite.
____ ○ Oh, das geht leider nicht. Anfang Mai habe ich schon frei.
A ◆ Im Juli möchte ich für eine Woche meine Tante besuchen.

B4 | a Wann möchten Sie freinehmen? Schreiben Sie eine Notiz. → AB

übers Wochenende vom 15. / 16. Mai

am zweiten Oktober

b Sprechen Sie kleine Dialoge: Eine Person möchte freinehmen, die andere reagiert.

einen Wunsch äußern
Ich möchte gern / würde gern am / im / … freinehmen.
einverstanden sein
Alles klar. / Kein Problem.

ablehnen
Oh, genau da möchte ich auch freinehmen.
Oh, das geht leider nicht. Da habe ich schon frei.

sich einigen
Wir können es so machen:
Wir können uns so einigen: …
Danke, das ist ein guter Kompromiss.

B5 | a Hören Sie weiter. Was bespricht das Team jetzt? Kreuzen Sie an. → AB

049 Die Personen
ⓐ besprechen wichtige Termine.
ⓑ planen einen gemeinsamen Ausflug.
ⓒ suchen Ideen für Aktivitäten nach der Arbeit.

b Hören Sie noch einmal. In welcher Reihenfolge werden die Fragen besprochen?

049
___ Mit Familie oder ohne? ___ Welches Datum? ___ Wo? Welcher Biergarten?
1 Was unternehmen? ___ Welche Uhrzeit?

c Was ist geplant? Hören Sie noch einmal und beantworten Sie die Fragen in b.

049

B6 | a Welche Sätze hören Sie? Kreuzen Sie an. → AB

050
1 ○ Ich kann nicht gut wandern, weil ich Probleme mit meinem Knie habe.
2 ○ Ich kann nicht gut wandern, denn ich habe Probleme mit meinem Knie.
3 ○ Der 15. Juli geht bei mir nicht, weil ich abends einen Termin habe.
4 ○ Der 15. Juli geht bei mir nicht, denn ich habe abends einen Termin.

Hauptsatz		**Hauptsatz**
Der 15. Juli geht bei mir nicht,	denn	ich habe abends einen Termin.
Hauptsatz		**Nebensatz mit *weil***
Der 15. Juli geht bei mir nicht,		weil ich abends einen Termin habe.

b Verbinden Sie die Sätze mit *denn* oder *weil*.

1 Ich würde lieber in den Biergarten am Zoo gehen. Er hat sehr gutes Essen. (denn)
2 Ich finde den Biergarten nicht so gut. Man kann da nicht reservieren. (weil)
3 Ich möchte lieber zum Bowling gehen. Das macht mir mehr Spaß. (denn)
4 Das ist keine so gute Idee. Manche Leute sind nicht so sportlich. (weil)

1. Ich würde lieber in den Biergarten am Zoo gehen, denn er hat sehr gutes Essen.

Schon fertig?
Schreiben Sie die *denn*-Sätze noch einmal mit *weil* und die *weil*-Sätze noch einmal mit *denn*.

B7 Lesen Sie die Situation und planen Sie. Die Stichpunkte helfen Ihnen. → AB

Situation: Sie sind Kolleginnen / Kollegen und möchten abends gemeinsam etwas unternehmen.

Aufgabe: Machen Sie Vorschläge. Diskutieren Sie Ihre Vorschläge. Einigen Sie sich mit Ihrer Gesprächspartnerin / Ihrem Gesprächspartner.

Was unternehmen?
Wo?
Termin, Uhrzeit
mit Familie oder ohne?
...?

Vorschläge machen
Mein Vorschlag ist, dass ...
Ich schlage vor, dass ...
Wollen wir vielleicht ...?
Ich habe folgende Idee: ... Was hältst du davon?
Wir könnten doch ...

Vorschläge annehmen
(Ja.) Das finde ich gut.
Ich bin einverstanden.
Das ist eine tolle Idee.
In Ordnung, so machen wir das.
Dann sind wir uns einig.
Das ist ein guter Plan.

Vorschläge ablehnen und Gegenvorschläge machen
Ich finde, das ist keine so gute Idee, weil ...
Ich finde das nicht so gut, denn ...
Ich weiß nicht, ob das eine gute Idee ist. ... finde ich besser.
Ich würde / möchte lieber ...

Freie Tage

1 **Lesen Sie. Was ist richtig? Kreuzen Sie an.** → AB

FREIE TAGE FÜR ARBEITNEHMERINNEN UND ARBEITNEHMER

Arbeitnehmerinnen und Arbeitnehmer brauchen regelmäßig ein paar Tage frei. Nur so kann man sich richtig erholen. Aber welche Möglichkeiten für freie Tage gibt es?

1. Man kann Urlaub nehmen. Sie haben eine 5-Tage-Woche? Dann muss der Arbeitgeber 20 Tage Urlaub im Jahr erlauben. So steht es im Gesetz. Viele Arbeitgeber geben aber mehr Urlaub, manche sogar 30 Tage. Termine für den Urlaub muss man aber mit dem Arbeitgeber und auch mit den Kolleginnen und Kollegen absprechen.

2. Es gibt viele Feiertage. Beispiele: Weihnachten, Ostern, Pfingsten, 1. Mai, 3. Oktober. Die meisten Menschen müssen dann nicht arbeiten. Es gibt nicht in jedem Bundesland gleich viele Feiertage: In manchen gibt es mehr als in anderen.

Tipp: Nutzen Sie „Brückentage"! Zum Beispiel: Donnerstag ist Feiertag. Nehmen Sie dann am Freitag einen Urlaubstag („Brückentag"). Dann haben Sie zwei Tage und das Wochenende frei, also vier Tage!

1 ☒ Man hat mindestens 20 Tage Urlaub im Jahr.
2 ○ Urlaub muss man mit Kollegen und Vorgesetzten absprechen.
3 ○ An Feiertagen müssen die meisten Menschen Urlaub nehmen.
4 ○ In allen Bundesländern gibt es gleich viele Feiertage.
5 ○ Der Brückentag ist zwischen einem Urlaubstag und dem Wochenende.

2 **Wie viele Feiertage gibt es in Ihrem Bundesland? Und welche? Recherchieren und sprechen Sie.**

Hier in Brandenburg gibt es … Feiertage. Das sind: …

Umlaute

1 **Hören Sie und sprechen Sie nach.**

051
1 Plan – Pläne
2 Vorschlag – Vorschläge
3 Grund – Gründe
4 oft – öfter
5 Wunsch – wünschen
6 war – wäre

2 **Hören Sie und verbinden Sie die Wörter. Was sehen Sie?**

052

3 **Hören Sie. Sprechen Sie dann nach.**

053
1 ◆ Hast du noch mehr Vorschläge?
○ Warum? Das ist doch schon ein guter Vorschlag.
2 ◆ Gibt es noch mehr Gründe?
○ Warum? Das ist doch schon ein guter Grund.
3 ◆ Die Besprechung war heute echt lang.
○ Nein, letzte Woche war sie länger.

Kommunikation & Grammatik

4 K&G

über Schichttausch sprechen 054

Bedauern ausdrücken
Entschuldigung, ...
Tut mir leid.
Es geht leider nicht, weil ...

Wichtigkeit betonen
Der Termin / das Treffen ist echt / wirklich wichtig.
Ich kann den Termin nicht verschieben.

Beantworten Sie die Nachricht eines Kollegen: Sie können leider nicht.

Kannst du mit mir am Montag die Schicht tauschen?

über die Urlaubsplanung sprechen 055–057

einen Wunsch äußern
Ich möchte gern / würde gern am / im / ... freinehmen.

ablehnen
Oh, genau da möchte ich auch freinehmen.
Oh, das geht leider nicht. Da habe ich schon frei.

einverstanden sein
Alles klar.
Kein Problem.

sich einigen
Wir können es so machen: ...
Wir können uns so einigen: ...
Danke, das ist ein guter Kompromiss.

Sie sind Kolleg/innen und möchten beide Anfang August freinehmen. Finden Sie einen Kompromiss.

Ich möchte gern Anfang August Urlaub nehmen.

Oh, genau da ...

gemeinsam etwas planen 058–059

Vorschläge machen
Mein Vorschlag ist, dass ...
Ich schlage vor, dass ...
Wollen wir vielleicht ...?
Ich habe folgende Idee: ... Was hältst du / haltet ihr davon?
Wir könnten doch ...

Vorschläge annehmen
(Ja.) Das finde ich gut.
Ich bin einverstanden.
Das ist eine tolle Idee.
In Ordnung, so machen wir das.
Dann sind wir uns einig.
Das ist ein guter Plan.

Vorschläge ablehnen und Gegenvorschläge machen
Ich finde, das ist keine so gute Idee, weil ...
Ich finde das nicht so gut, denn ...
Ich weiß nicht, ob das eine gute Idee ist. ... finde ich besser.
Ich würde / möchte lieber ...

Planen Sie einen Ausflug. Machen Sie Vorschläge und reagieren Sie.

Ich schlage vor, dass wir zum Bowling gehen.

Ich finde das nicht so gut, denn ich bin nicht so sportlich.

Temporale Präpositionen 060–061

in **+ Dat.**	in zehn Tagen, in einer Woche, im Mai, im Frühling
für **+ Akk.**	für drei Tage, für eine Woche
über **+ Akk.**	über Ostern, über die Feiertage, übers Wochenende
an **+ Dat.**	am fünften Mai, am Montag
von **+ Dat. ...** ***bis*** **+ Dat.**	vom fünften bis zehnten Mai, von Montag bis Freitag, von Mai bis Juni

Wann haben Sie Urlaub? Sprechen Sie.

Wann hast du Urlaub?

Im September. Und du?

Sätze mit *denn* und *weil* (Grund: warum?) 062–063

Hauptsatz		**Hauptsatz**
Der 15. Juli geht bei mir nicht,	denn	ich habe abends einen Termin.
Hauptsatz		**Nebensatz mit *weil***
Der 15. Juli geht bei mir nicht,		weil ich abends einen Termin habe.

Ergänzen Sie die Chatnachricht.

Ich gehe heute nicht mit euch in die Kantine, weil / denn ...

5

Murali Patel dokumentiert seine Arbeit

Liebe alle! Kommt heute um 17.30 Uhr bitte zu einer kurzen Besprechung in Raum 001 im Erdgeschoss. Themen:

1. Weiterbildung: sicherer Transport von Patientenbetten
2. Zeitmanagement: schnelle Wege
3. Rollstühle am Eingang und an anderen wichtigen Orten im Krankenhaus
4. Vollständigkeit der Dokumente von Patientinnen und Patienten.

Bis später! Mara

1 | a Sehen Sie das Bild an und lesen Sie Maras Nachricht. Wo arbeitet Murali Patel? Wohin soll er um 17.30 Uhr kommen? Sprechen Sie.

→ AB

b Lesen Sie die Besprechungspunkte in der Nachricht noch einmal. Was glauben Sie: Als was arbeitet Murali Patel?

○ als Chefarzt ○ als Krankenbegleiter

2 | a Hören Sie den ersten Teil eines Interviews mit Murali Patel.
064 **Als was arbeitet er? Überprüfen Sie Ihre Vermutung aus 1 b.** → AB

b Sehen Sie die Bilder an und hören Sie nun das ganze Interview mit Murali Patel.
065 **In welcher Reihenfolge hören Sie die Wörter?**

die Anmeldung 1

die Blutprobe ____

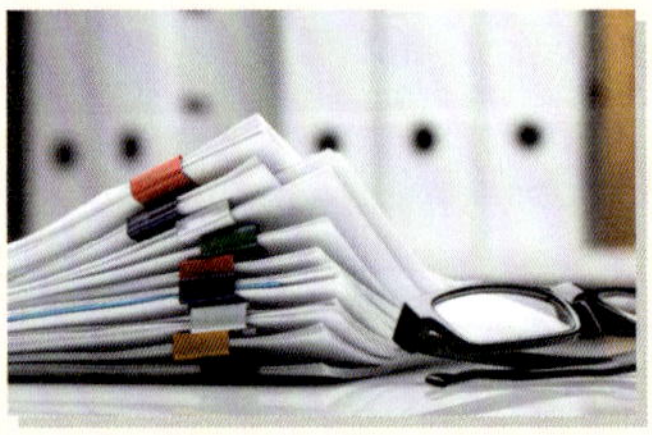

das Dokument ____

das Labor ____

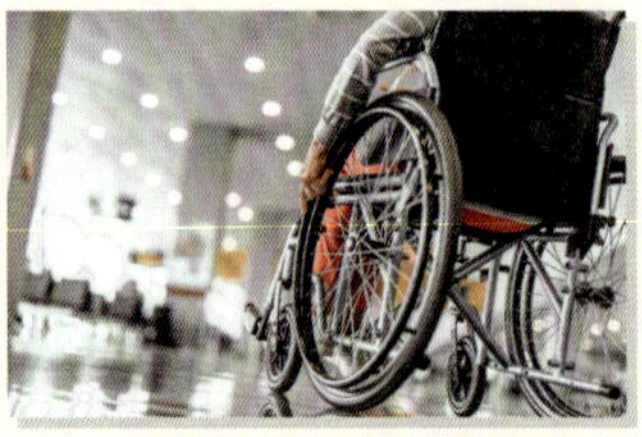

der Rollstuhl ____

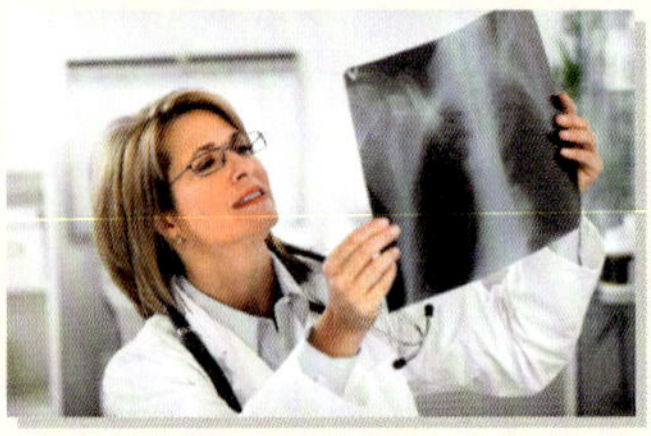

das Röntgenbild ____

c Hören Sie das Interview noch einmal. Was sind Murali Patels Aufgaben als Krankenbegleiter?
065 **Kreuzen Sie an.**

1 ○ Patientinnen und Patienten transportieren
2 ○ Betten und Rollstühle transportieren
3 ○ Betten desinfizieren
4 ○ Dokumente und Blutproben transportieren
5 ○ Röntgenbilder machen
6 ○ Im Labor arbeiten

A eine Besprechung verstehen und Wege beschreiben

A1 | a Hören Sie den Anfang der Besprechung. Was ist richtig? Kreuzen Sie an. → AB

066 1 Über welche Themen aus der Nachricht in 1a möchte Mara heute sprechen?

○ Thema 1 ○ Thema 2 ○ Thema 3 ○ Thema 4

2 Wie fühlt sich Mara?

○ Mara ärgert sich und ist gestresst. Es gibt Schwierigkeiten.
○ Mara freut sich, dass das Team eine sehr gute Arbeit macht.

b Hören Sie den Hauptteil der Besprechung. Welche Antwort ist richtig? Kreuzen Sie an.

067 1 Was braucht manchmal zu viel Zeit?
ⓐ Der Weg bis zur Station.
ⓑ Die Arbeit auf Station 3.

2 Was soll man mit dem Lageplan machen?
ⓐ Man soll ihn an den Eingang legen.
ⓑ Man soll ihn lernen.

3 Wo fehlen manchmal Rollstühle?
ⓐ Am Aufzug.
ⓑ Bei der Anmeldung.

4 Welches Problem gibt es mit den Dokumenten?
ⓐ Sie sind nicht immer vollständig.
ⓑ Sie sind oft nicht unterschrieben.

5 Wofür braucht man den Laufzettel?
ⓐ Dort sollen die Pflegekräfte unterschreiben.
ⓑ Dort stehen die Arbeitszeiten.

A2 | a Lesen Sie den Chat zwischen Murali Patel und seiner Kollegin Greta. Sehen Sie den Lageplan an. Ist Murali Patels Beschreibung richtig? → AB

Hey Murali! Hast du den Lageplan schon gelernt? 🙄 Testfrage (du darfst nicht auf den Lageplan sehen): Wie kommst du vom Parkplatz A zum Operationszentrum? LG Greta

Ich gehe durch die große Eingangstür, den Flur entlang, an der Anmeldung vorbei und durch die Stationen 1 und 2, bis zur Station 3. Auf Station 3 gehe ich nach rechts, und dann bin ich im Operationszentrum. Richtig?

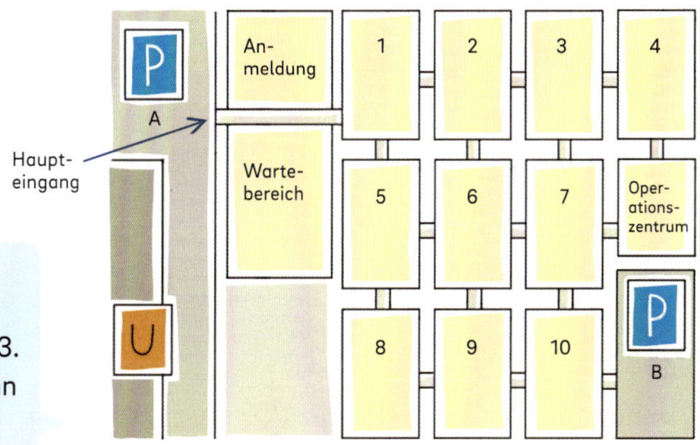

mit Akkusativ		mit Dativ	
durch (eine Tür, ein Zimmer, eine Station)		an (der Anmeldung, einer Tür) vorbei	
		bis zu (einer Station, einem Schild)	→■
⚠ (einen Flur, einen Gang) entlang [*entlang* steht nach dem Ort]		von (einem Ort) zu (einem anderen Ort)	■→■
		nach (rechts, links, oben, unten)	→, ←, ↑, ↓

WDH

⚠ **Wechselpräpositionen** *(an, auf, in, hinter, neben, über, unter, vor, zwischen)* → Lektion 2, S. 17.

Wohin? **(+ Akkusativ)**	Ich gehe in das Zimmer. / Ich gehe auf die Station
Wo? **(+ Dativ)**	Ich bin im Zimmer. / Ich bin auf der Station.

b Fragen und erklären Sie Wege (Lageplan in a oder Plan aus Ihrer Firma).

einen Weg erklären
Das ist ganz einfach.
Gehen Sie ... und dann ...
Gehen Sie einfach ...
Also, am besten gehen Sie ...

Entschuldigung, wie komme ich von der U-Bahn zur Station 8?

Gehen Sie einfach ...

B Aufgaben übernehmen und dokumentieren

B1 **Hören Sie die Nachrichten. Was passt am besten? Kreuzen Sie an.**

068–070

1 Mara möchte, dass Murali
- ⓐ den Laufzettel ausfüllt.
- ⓑ heute etwas später zur Arbeit kommt.
- ⓒ sie sofort zurückruft.

2 Mara möchte, dass Murali
- ⓐ Blutproben ins Labor bringt.
- ⓑ etwas von Samuel abholt.
- ⓒ im Labor mitarbeitet.

3 Murali soll
- ⓐ Geräte aus dem Keller von Station 4 holen.
- ⓑ Greta im Keller mit den Geräten helfen.
- ⓒ kontrollieren, dass die Kolleginnen und Kollegen richtig arbeiten.

B2|a **Lesen Sie die Nachrichten. Was soll Murali Patel machen? Sprechen Sie.** → AB

Lieber Murali, jetzt bin ich endlich da! Eine Bitte noch: Heute kommt eine Lieferung Betten. Kannst du mithelfen, sie auszupacken? Sie sollen um 14 Uhr auf dem großen Parkplatz ankommen. VG Mara

Meinst du den großen Parkplatz beim Haupteingang?

Nein. Weißt du, wo das Operationszentrum ist? Das ist das große Gebäude hinter Station 7. Daneben ist der große Parkplatz. Das ist Parkplatz B.

b **Ergänzen Sie die Endungen aus a.**

	Singular			Plural
	●	●	●	●
Nominativ (Das ist / sind ...)	der groß*e* Parkplatz	das groß___ Gebäude	die große Tür	die großen Bäume
Akkusativ (Meinst du ...?)	den groß___ Parkplatz	das große Gebäude	die große Tür	die großen Bäume
Dativ (von ... zum Eingang)	dem groß___ Parkplatz	dem großen Gebäude	der großen Tür	⚠ den großen Bäumen

Tipp: Nach dem bestimmten Artikel kann das Adjektiv nur die Endungen *-e* oder *-en* haben. Die Farben in der Tabelle helfen Ihnen.

B3|a **Lesen Sie den Dialog und ergänzen Sie die Endungen.**

◆ Wo ist das Labor?
○ Meinst du das klein*e* (1) Labor?
◆ Nein, ich spreche von dem groß___ (2) Labor.
○ Ach so! Du musst einfach den lang___ (3) Flur entlang gehen. Dort ist das groß___ (4) Labor.

b **Machen Sie mit den Wörtern ähnliche Dialoge wie in a.**

der große / kleine Keller
die große / kleine Kantine
der große / kleine Warteraum
das alte / neue Operationszentrum

◆ Wo ist ...?
○ Meinst du ...?
◆ Nein, ich spreche von ...
○ Ach so! Du musst einfach den langen Flur entlang gehen. Dort ist ...

B4 **Zu viert: Spielen Sie das Spiel. Arbeiten Sie auf S. 76.**

B5 **Lesen Sie den Laufzettel von Murali Patels Kollegen Hakan Tas und beantworten Sie die Fragen.** → AB

Name: *Hakan Tas*		Unterschrift bei Krankenbegleitung
Uhrzeit	Tätigkeit	
7:00	*die neuen Betten vorbereitet*	
9:45	*Zahl der Rollstühle an der Anmeldung überprüft*	
10:00	*Patientin an der Anmeldung abgeholt, zum OP begleitet*	Schröder
10:15	*Patient mit Bett zum Röntgen gefahren*	Özdamar
10:30	*Patientin mit Rollstuhl vom großen Parkplatz zu Station 5 gebracht*	Janovic
10:45	*Rollstühle an der Anmeldung überprüft, fünf Stück aus Station 7 geholt*	
11:00	*Blutproben von Station 3 ins kleine Labor gebracht*	

1 Was hat Hakan um 7 Uhr gemacht?
2 Wie oft hat Hakan zwischen 9 und 11 Uhr die Zahl der Rollstühle überprüft?
3 Wie viele Patientinnen und Patienten hat er begleitet?
4 Was hat er um 11 Uhr gemacht?

B6 **Hören Sie das Gespräch zwischen Mara und Murali. Ergänzen Sie den Laufzettel.** → AB
🔊 071

Name: *Murali Patel*		Unterschrift bei Krankenbegleitung
Uhrzeit	Tätigkeit	
11:00		
11:15		
11:30		
12:00		

B7 **Lesen Sie die Nachrichten und ergänzen Sie die Adjektivendungen. Ist Mara zufrieden oder unzufrieden? Sprechen Sie.** → AB

16:00 Hallo Mara! Ich musste schnell los. Den Laufzettel habe ich in den braun...... (1) Schrank gelegt, zu den ander...... (2) Papieren. Hast du ihn gefunden?

16:17 Ja, gefunden! Vielen Dank für die gut...... (3) Dokumentation! Ich wünsche dir einen schönen Feierabend. Gruß Mara

16:19 Dir auch einen schönen Feierabend später. Bis morgen!

Krankschreibungen

Extra

1 **Lesen Sie den Ratgeber-Artikel und beantworten Sie die Fragen.** → AB

KRANKMELDUNG UND KRANKSCHREIBUNG

Sie haben eine Erkältung, Fieber oder einen gebrochenen Arm und können nicht zur Arbeit kommen. Sie müssen dies sofort Ihrem Arbeitgeber sagen. Welche Regeln und Gesetze gibt es dafür?

Krankmeldung beim Arbeitgeber
Rufen Sie Ihren Arbeitgeber sofort an oder schreiben Sie eine E-Mail. Informieren Sie ihn, dass Sie krank sind und wie lange es vermutlich dauert. Sie müssen nicht sagen, welche Krankheit Sie haben. Das ist privat.

Krankschreibung durch eine Ärztin oder einen Arzt
Lesen Sie in Ihrem Arbeitsvertrag oder anderen Regeln in Ihrer Firma: Ab wann brauchen Sie eine Krankschreibung von einer Ärztin oder einem Arzt? Im Gesetz steht eine Frist von drei Tagen. Ab dem vierten Tag brauchen Sie eine AU, eine Arbeitsunfähigkeitsbescheinigung. Viele Firmen wollen die AU aber schon früher.

1 Was ist der Unterschied zwischen einer Krankmeldung und einer Krankschreibung?
2 Wann muss man sich krankmelden?
3 Was muss man dem Arbeitgeber sagen? Was muss man nicht sagen?
4 Was steht im Gesetz: Wann braucht man eine Krankschreibung?

2 **Haben Sie schon für Arbeitgeber oder in der Schule eine Krankschreibung gebraucht? Sprechen Sie.**

Die Schule wollte eine Notiz von den Eltern.

Vertiefung: die Umlaute *ü* und *ö*

Aussprache

1 **Langes *ü* und langes *ö*: Hören Sie und sprechen Sie nach.**

072 1 Aussprache von *ü*

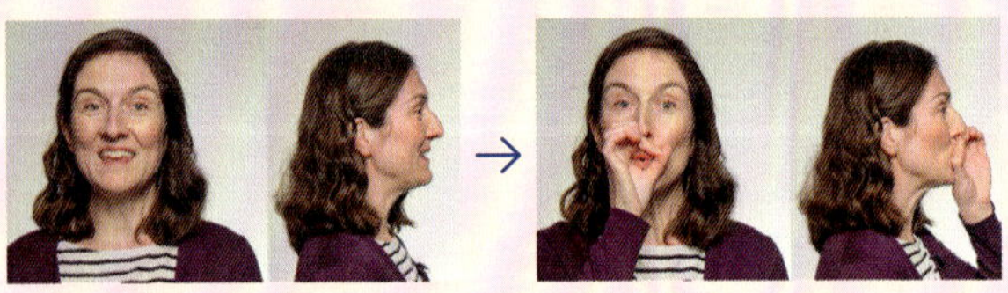

Tipp: Sprechen Sie *i*.
Machen Sie dann den Mund rund.

2 Aussprache von *ö*

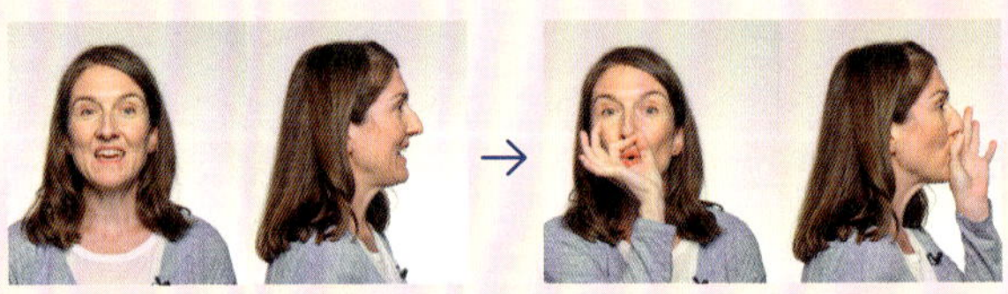

Tipp: Sprechen Sie *e*.
Machen Sie dann den Mund rund.

2 **Hören Sie und sprechen Sie nach.**

073 1 **ü:** grün – Tür – Stühle – überprüfen
2 Gehen Sie durch die grüne Tür.
3 **ö:** schön – hören – Lösung – persönlich
4 Schönen Feierabend!

3 **Kurzes *ü* und kurzes *ö*: Hören Sie und sprechen Sie nach.**

074 1 **ü:** fünf – füllen
2 Würden Sie das ausfüllen?
3 **ö:** können – Röntgen
4 Können Sie zum Röntgen kommen?

4 **Schreiben Sie Sätze mit *ü* und *ö*. Lesen Sie die Sätze laut. Sie können die Wörter aus dem Kasten oder aus 2 und 3 verwenden.**

Brötchen | dürfen | früh | Gemüse | geöffnet | Glückwunsch | Größe | Küche | sich kümmern | Möbel | Wörter | zwölf

Kommunikation & Grammatik

nach dem Weg fragen 075
Entschuldigung, wie komme ich …?

einen Weg erklären 076
Das ist ganz einfach. Gehen Sie … und dann …
Gehen Sie einfach …
Also, am besten gehen Sie …

Fragen Sie nach Wegen in Ihrer Sprachschule / Ihrem Institut / in Ihrer Firma.

Entschuldigung, wie komme ich zum Ausgang?

Gehen Sie einfach den Flur entlang, durch die Tür und links die Treppe hinunter. Dort ist der Ausgang.

Ah, vielen Dank!

lokale Präpositionen mit Akkusativ und Dativ 077–078

mit Akkusativ	
durch (eine Tür, ein Zimmer, eine Station)	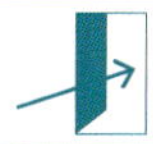
(einen Flur, einen Gang) entlang [⚠ *entlang* steht nach dem Ort]	
mit Dativ	
an (einer Station, einer Tür) vorbei	
bis zu (einer Station, einem Schild)	→■
von (einem Ort) zu (einem anderen Ort)	■→■
nach (rechts, links, oben, unten)	→, ←, ↑, ↓

Adjektivdeklination nach dem bestimmten Artikel 079–080

	Singular			**Plural**
	●	●	●	●
Nominativ (Das ist / sind …)	der große Parkplatz	das große Gebäude	die große Tür	die großen Bäume
Akkusativ (Meinst du …?)	den großen Parkplatz	das große Gebäude	die große Tür	die großen Bäume
Dativ (von … zum Eingang)	dem großen Parkplatz	dem großen Gebäude	der großen Tür	⚠ den großen Bäumen

Tipp: Auch so: Adjektive nach *dies-* und *welch-* *(z. B. dieser große Parkplatz)*

Spielen Sie ein Ratespiel wie im Beispiel:

Ich sehe was, was du nicht siehst, und das ist blau.

Meinst du die blaue Hose von Alina?

Nein, die blaue Hose meine ich nicht.

Hmm, sprichst du dann von der blauen Jacke dort?

Richtig!

6

Amira Banai macht Bestellungen

1 | a Wo ist Amiras Chef? Hören Sie und kreuzen Sie an. → AB

081 ○ in der Schreinerei ○ auf einer Messe ○ im Zug

b Was ist richtig? Hören Sie das Gespräch noch einmal und kreuzen Sie an.

081
1. Amira und ihr Chef sprechen ○ am Telefon. ○ per Chat. ○ per Video-Anruf.
2. Der Chef ist begeistert von ○ den Produkten der Messe. ○ der Arbeit seiner Auszubildenden. ○ der Video-Verbindung.
3. Der Grund seines Anrufs sind ○ die tollen Hobelmaschinen. ○ die Fragen von Amira. ○ Amiras Skizzen.
4. Amira soll ihre Skizzen ○ im Video-Anruf zeigen. ○ per E-Mail senden. ○ noch mal ansehen.

2 Welche Werkzeuge und Materialien nennt Amiras Chef? Hören Sie den ersten Teil des Gesprächs noch einmal und kreuzen Sie an. → AB

082

☒ die Säge

○ der Hammer

○ der Hobel

○ der Pinsel

○ das Öl

○ der Lack

○ die Hobelmaschine

○ das Schleifpapier

3 Welche Werkzeuge und Materialien benutzen Sie im Beruf oder im Alltag? Sprechen Sie und zeigen Sie Bilder auf Ihrem Smartphone.

Ich habe einen Akkuschrauber und benutze ihn oft in meiner Wohnung.

A Produkte beschreiben und Beschreibungen verstehen

A1 **Sehen Sie Amiras Skizzen an. Was ist richtig? Kreuzen Sie an.** → AB

Kommode 1 (= K 1)

B 120 cm x H 60 cm x T 45 cm

Kommode 2 (= K 2)

B 95 cm x H 80 cm x T 50 cm

Tipp:
B = Breite (breit)
H = Höhe (hoch)
T = Tiefe (tief)

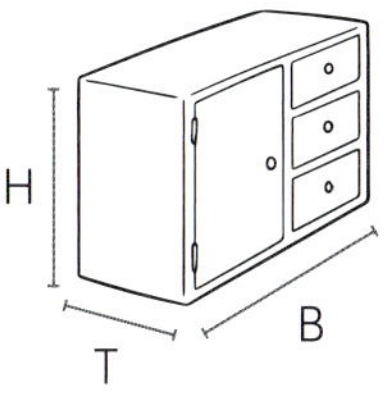

	K 1	K 2	beide	keine
1 Die Kommode ist einen Meter hoch.	○	○	○	☒
2 Die Kommode ist mehr als einen Meter breit.	○	○	○	○
3 Die Kommode ist genau einen halben Meter tief.	○	○	○	○
4 Die Kommode hat drei Schubladen.	○	○	○	○
5 Die Kommode hat drei Türen.	○	○	○	○
6 Die Kommode hat zwei große Füße.	○	○	○	○
7 Die Kommode sieht modern aus.	○	○	○	○

A2 | a **Wie gefallen dem Chef Amiras Skizzen? Hören Sie und kreuzen Sie an.** → AB

083
ⓐ Er findet sie beide gut. Er hat aber noch ein paar Ideen für Verbesserungen.
ⓑ Ihm gefällt eine Skizze besser als die andere.

b **Hören Sie noch einmal. Welche Ideen hat Amiras Chef? Kreuzen Sie an.**

083

1 K 1: ganze Kommode	○ höher	○ größer	○ kleiner
2 K 1: Schubladen	○ höher	○ größer	○ kleiner
3 K 2: Füße	○ höher	○ größer	○ kleiner

weich	weicher
klein	kleiner
groß	⚠ größer
hart	⚠ härter
hoch	⚠ höher
teuer	⚠ teurer

c **Hören Sie das Gespräch weiter und ergänzen Sie.**

084
billiger als | härter als | teurer als | ~~weicher als~~

1 Kiefernholz ist *weicher als* Buchenholz.
Das heißt: Buchenholz ist .... Kiefernholz.

2 Buchenholz ist .... Kiefernholz.
Das heißt: Kiefernholz ist .... Buchenholz.

Buchenholz ist teurer als Kiefernholz.
→ Preis von Buchenholz > Preis von Kiefernholz

A3 | a **Welche Kommode und welches Holz finden Sie besser? Warum? Sprechen Sie.** → AB

Mir gefällt die zweite Kommode besser als die erste, weil sie moderner ist.

Ich würde Buchenholz nehmen. Das finde ich praktischer, weil ...

Gefallen und Vorlieben ausdrücken
Mir gefällt ... besser als ..., weil ...
Ich finde ... besser / praktischer / ..., weil ...
... mag ich mehr / lieber als ...

b **Welche Produkte / Werkzeuge / Materialien in Ihrer Firma / Ihrem Beruf finden Sie besser? Warum?**

B ein Produkt in einem Kundengespräch erklären

B1 | a Amira und ihr Chef sprechen mit Kunden. Was ist richtig? Hören Sie und kreuzen Sie an. → AB

085 1 Für welche Kommode entscheiden sich die Kunden? ○ Kommode 1 ○ Kommode 2

2 Warum? ○ Weil mehr Platz in der Kommode ist. ○ Weil sie ihnen besser gefällt.
○ Weil sie besser in die Wohnung der Kunden passt.

Die erste Kommode ist breiter als die zweite.
→ Breite erste Kommode > Breite zweite Kommode

Die erste Kommode ist genauso hoch wie die zweite.
→ Höhe erste Kommode = Höhe zweite Kommode

b Bilden Sie Sätze mit *als* oder *genauso* wie im Beispiel.

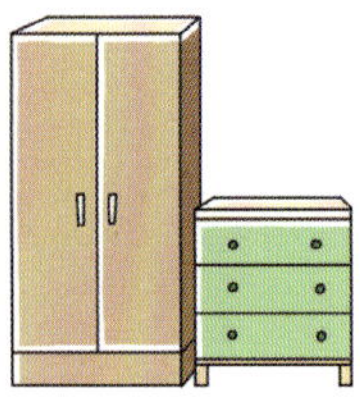

1 die Kommode, der Schrank, breit

2 der Schrank, der Tisch, hoch

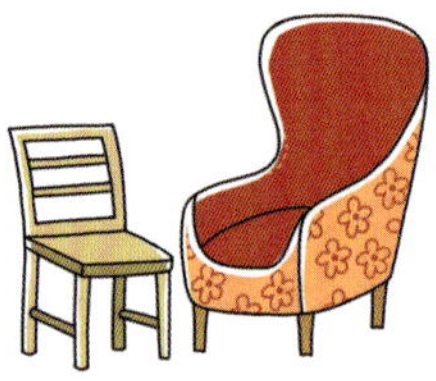

3 der Sessel, der Stuhl, groß

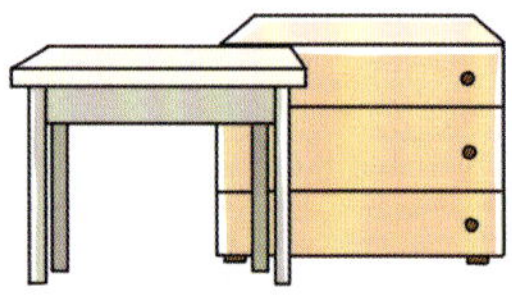

4 der Tisch, die Kommode, hoch

1. Die Kommode ist genauso breit wie der Schrank.

c Vergleichen Sie die Möbel in Ihrem Kursraum / in Ihrer Firma. Sprechen Sie.

Das Regal ist breiter als die Tische.

Dieser Tisch ist genauso hoch wie der Tisch dort.

B2 | a Was möchten die Kunden? Hören Sie weiter und kreuzen Sie an. → AB

086 1 ○ • Buchenholz ○ • Kiefernholz 2 ○ • Lack ○ • Öl

b Welche Sätze hören Sie? Hören Sie noch einmal und kreuzen Sie an.

086

zwei Produkte im Kundengespräch vergleichen

- ☒ *Ich schlage Ihnen zwei Holzarten vor.*
- ○ *Ich erkläre Ihnen gern die Vor- und Nachteile.*
- ○ *Der Vorteil von Buchenholz ist folgender: ...*
- ○ *Buchenholz hat folgenden Nachteil: ...*
- ○ *Sie müssen aber bedenken, dass ...*
- ○ *An Ihrer Stelle würde ich Buchenholz nehmen.*
- ○ *Ich empfehle Ihnen ...*

c Welche Vorteile haben Öl und Lack? Hören Sie noch einmal, markieren Sie und sprechen Sie.

086 es gibt Farben | natürlicher | schützt besser | zeigt das Holz

Der Vorteil von Öl ist: Es ist natürlicher.

B3 | a Welche Griffe nehmen die Kunden? Hören Sie weiter und kreuzen Sie an. → AB

087

○ Metallgriff

○ Holzgriff

○ Plastikgriff

Die Plastikgriffe sind schön. +
Die Holzgriffe sind noch schöner. ++
Aber die Metallgriffe finde ich am schönsten. +++

b Welche Griffe finden Sie am schönsten? Sprechen Sie.

Ich finde ... am schönsten.

B4 Zu zweit: Vergleichen und präsentieren Sie Skizzen. Arbeiten Sie auf S. 74 – 75.

B5 **Amira bestellt das Buchenholz. Lesen Sie. Welcher Ausdruck (a, b oder c) passt am besten in die Lücken 1–6? Kreuzen Sie an.** → AB

Betreff: Bestellung (Produktnummer LK983BT)

Sehr geehrte Frau Petersen,
wir __1__ Ihnen für die Zusendung des neuen Katalogs, der wie immer sehr interessant ist.
Folgendes Produkt __2__ wir gern aus Ihrem Katalog bestellen:
10 Bretter 2 x 1 m Buchenholz (LK983BT)
Wir brauchen die Bretter so bald wie möglich und bitten um eine __3__ Lieferung.
Bitte informieren Sie uns bei Problemen schnell telefonisch oder __4__ .
Die Rechnung schicken Sie uns __5__ wie immer mit der Lieferung mit. Wir bezahlen dann innerhalb der Frist. Vielen __6__ im Voraus für die Lieferung.
Mit freundlichen Grüßen
Amira Banai

1	2	3	4	5	6
☒ a danken	a brauchen	a große	a per Auto	a bitte	a Bitten
b freuen	b möchten	b schnelle	b per E-Mail	b danke	b Dank
c wünschen	c sollen	c schöne	c privat	c schon	c Grüßen

B6 | a **Amira muss auch die Metallgriffe bestellen. Schreiben Sie die Bestellung. Orientieren Sie sich an dem Schreiben in B5. Die Notizen helfen Ihnen.** → AB

An wen? *Herr Schlehdorn*
Was? *fünf Metallgriffe*
Produktnummer: *MT177*
Wann? *Lieferung innerhalb von zwei Wochen*
bei Problemen anrufen
Rechnung bitte per E-Mail

1. Schritt: *Schreiben Sie die Anrede.*

2. Schritt: *Schreiben Sie die Einleitung, z. B.:*

Folgendes Produkt würden wir gern bestellen:
Wir möchten gern das folgende Produkt aus Ihrem Katalog bestellen:

3. Schritt: *Was brauchen Sie? Wie ist die Produktnummer? Schreiben Sie.*

– 5 ... (Produktnummer: ...)

4. Schritt: *Wann brauchen Sie die Lieferung? Schreiben Sie.*

Wir bitten um Lieferung innerhalb von ...

5. Schritt: *Was soll man bei Problemen machen? Schreiben Sie.*

Bitte informieren Sie uns bei Problemen per E-Mail.
Bitte rufen Sie uns bei Problemen an.

6. Schritt: *Wie brauchen Sie die Rechnung?*

Die Rechnung schicken Sie uns bitte per ...
Bitte schicken Sie die Rechnung mit der Lieferung mit.

7. Schritt: *Bedanken Sie sich.*

8. Schritt: *Schreiben Sie den Gruß.*

b **Lesen Sie Ihre Bestellung noch einmal genau. Sind alle 8 Schritte korrekt? Passt die Bestellung zu den Infos auf dem Notizzettel?**

Extra

Wie recherchiere ich richtig?

1 **Lesen Sie den Online-Artikel und die Chatnachricht. Schreiben Sie eine Antwort.** → AB

RECHERCHE IM INTERNET –
das solltet ihr beachten, wenn ihr euch im Netz Unterstützung holt

Im Internet gibt es alle möglichen Informationen – und KI (englisch: AI) hilft bei jeder Suche. Aber nicht jede Information ist richtig und seriös! Deshalb achtet bei der Recherche auf die folgenden Punkte:

1. Nur zuverlässige und seriöse Quellen verwenden! Gerade bei „offiziellen Fragen" wie Produktbeschreibungen oder „eine Bestellung schreiben" empfehlen wir euch: Holt euch Informationen aus „offiziellen" Quellen wie Arbeitsagentur, Jobcenter, Industrie- und Handelskammern usw.
2. Zu welchem Thema habt ihr eine Frage? Sucht ein Forum zu diesem Thema. Dort könnt ihr nachlesen. Aber Vorsicht! Schaut auch auf das Datum der Antwort. Ist die Information aktuell oder schon alt?
3. Ihr könnt natürlich auch selbst eine Frage in einem Forum posten und die Schwarmintelligenz nutzen! Wenn mehrere Personen das Gleiche antworten, ist die Information vermutlich richtig.
4. Für Kursangebote: Achtet auf Qualitätsmerkmale wie Zertifikate, Gütesiegel oder Ergebnisse der Stiftung Warentest.

Ich muss eine offizielle Bestellung schreiben. Wie finde ich gute Informationen im Internet?

Hi, hier ein paar Tipps für dich! 1. Du solltest nur „gute" Quellen verwenden, zum Beispiel ...

Aussprache

Der Konsonant *h*

1 **Hören Sie. In welchen Wörtern hören Sie das *h*? Markieren Sie.**

089

1 Hobel	5 vor|her	9 Woh|nung
2 bezah|len	6 mehr	10 Hammer
3 Holz	7 hallo	11 Stuhl
4 Kiefern|holz	8 neh|men	12 hart

2 **Lesen Sie den Tipp, hören Sie noch einmal und sprechen Sie nach.**

089

Tipp: Am Wort- und Silbenanfang hört und spricht man das *h*: Hobel, Holz, Hammer, vor|her, Kiefern|holz
Nach Vokalen *(a, e, i, o, u, ö, ä, ü)* hört man das *h* **nicht**. Aber: Es macht den Vokal davor lang: Wohnung, Stuhl.

3 **Wo spricht man das *h*? Markieren Sie. Hören Sie und kontrollieren Sie. Sprechen Sie dann den Dialog.**

090

◆ Heute holen wir unseren hellen Holztisch bei Herrn Huber ab.
○ Nehmt ihr auch Stühle mit?
◆ Nein, helle Holzstühle haben wir schon.

Kommunikation & Grammatik

6 K&G

Gefallen und Vorlieben ausdrücken 091

Mir gefällt … besser als …, weil …
Ich finde … besser / praktischer / …, weil …
… mag ich mehr / lieber als …

Beantworten Sie die Chatnachricht eines Kollegen.

Wir bestellen neue Bürotische. Welcher ist besser?

Modell 1

Modell 2

zwei Produkte im Kundengespräch vergleichen 092

Ich schlage Ihnen … vor. Ich erkläre Ihnen gern die Vor- und Nachteile.
Der Vorteil von … ist folgender: …
… hat folgenden Nachteil: …
Sie müssen aber bedenken, dass …
Ich empfehle Ihnen …
An Ihrer Stelle würde ich … nehmen.

Ihre Kundin / Ihr Kunde möchte eine Kommode aus Holz. Empfehlen Sie ihr / ihm eine Holzart.

Ich erkläre Ihnen gern die Vor- und Nachteile. Also, der Vorteil von Buchenholz …

Komparation 093–094

Adjektiv
Der Schrank ist breit. +
Der Tisch ist schön. +

Komparativ: Adjektiv + *-er*
Das Regal dort hinten ist breiter. ++
Der Schrank da vorne ist schöner. ++
⚠ groß → größer, hoch → höher, hart → härter, teuer → teurer

Superlativ: *am* + Adjektiv + *-(e)sten*
Dieser Schrank ist am höchsten. +++
Diese Kommode ist am größten. +++
Dieses Holz ist am härtesten. +++

Adjektiv – Komparativ – Superlativ
Die Plastikgriffe sind schön. +
Die Holzgriffe sind noch schöner. ++
Aber die Metallgriffe finde ich am schönsten. +++

Welchen Kugelschreiber finden Sie schön, welchen schöner und welchen am schönsten? Schreiben Sie.

1 

2 

3 

Kuli X finde ich …

Vergleichssätze mit *genauso … wie* und *als* 095–096

genauso* + Adjektiv + *wie
Die erste Kommode ist genauso hoch wie die zweite. → Höhe erste Kommode = Höhe zweite Kommode

Adjektiv + *-er als*
Die erste Kommode ist breiter als die zweite.
→ Breite erste Kommode > Breite zweite Kommode

Vergleichen Sie die beiden Produkte. Schreiben Sie vier Sätze.

Modell Björn
B 120 cm
H 249 cm
T 40 cm
500 Euro

Modell Resi
B 180 cm
H 200 cm
T 40 cm
700 Euro

7

Luis Moreno nimmt die Lieferung an

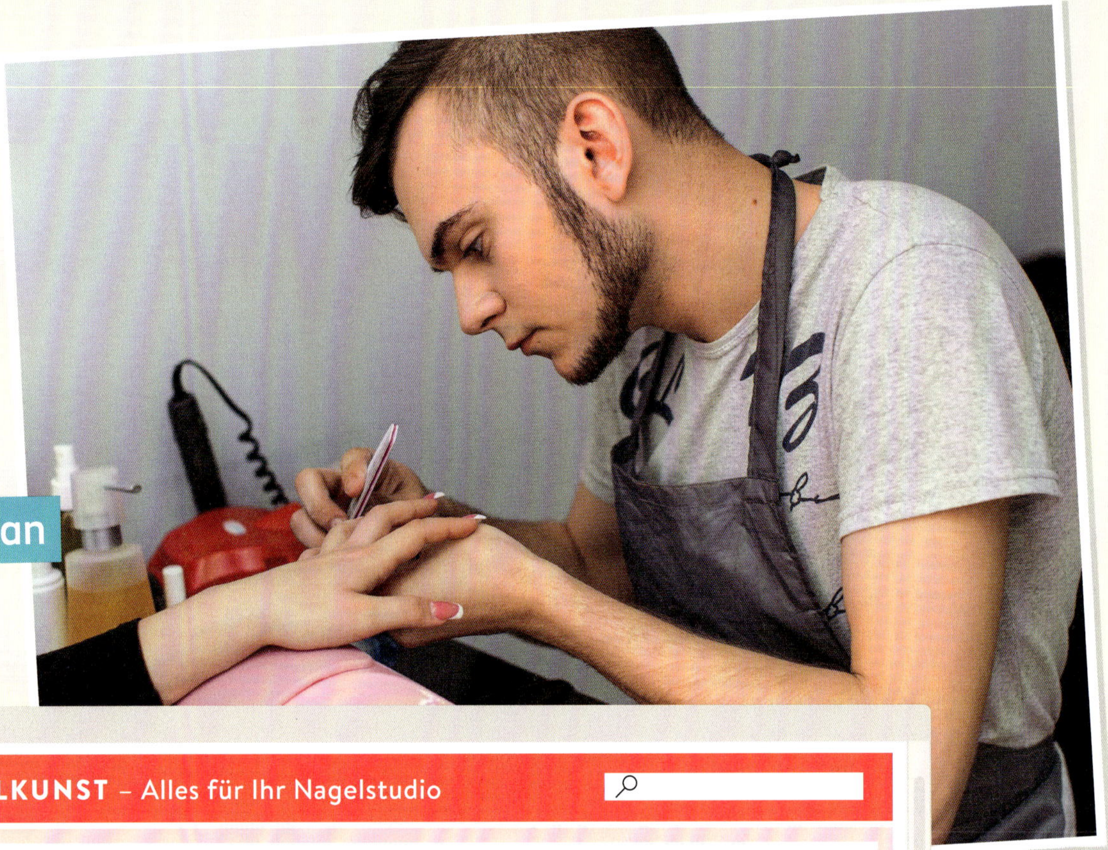

NAGELKUNST – Alles für Ihr Nagelstudio

 Arbeitslampe LIAN, ☐ silbern / ☐ schwarz	 X Arbeitslampe LUJO, weiß	 Wandspiegel LUJO ☐ weiß / ☐ grün
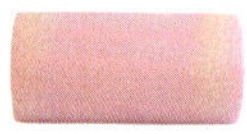 Handkissen VAXÖ ☐ hellgrau / ☐ rosa	 ☐ Desinfektionsspender, nachfüllbar	 ☐ Desinfektionsmittel, alkoholfrei
 ☐ Nagellack KSÖN, farblos	 ☐ Nagellackentferner KSÖN, geruchlos	 ☐ Nagelpinsel, fein (20 Stück)

1 a 097 **Luis Moreno möchte neue Produkte für das Nagelstudio bestellen. Hören Sie den Anfang eines Gesprächs. Was ist richtig? Kreuzen Sie an.** → AB

Luis ○ telefoniert mit der Verkäuferin. ○ bespricht die Bestellung mit der Chefin.

b 098 **Hören Sie nun das ganze Gespräch. Was möchte Luis bestellen? Kreuzen Sie auf der Webseite in a an.**

c 098 **Hören Sie noch einmal und ergänzen Sie die Zahlen auf dem Bestellschein.**

Bestellung, Auftragsnummer 56XZ4	
1. Arbeitslampe LUJO, weiß	1
2. Wandspiegel LUJO, grün	
3. Handkissen VAXÖ, hellgrau	
4. Desinfektionsspender, nachfüllbar	
5. Nagellack KSÖN, farblos (Probe)	
6. Nagellackentferner KSÖN, geruchlos	
7. Nagelpinsel, fein	

2 **Was bestellen Sie an Ihrem Arbeitsplatz? Und was privat zu Hause? Erzählen Sie.**

> Bei der Arbeit muss ich manchmal Getränke bestellen.

A einen Lieferschein verstehen und Bestellungen abgleichen

A1 | a **Lesen Sie den Lieferschein. Vergleichen Sie die Positionen 1–7 mit dem Bestellschein in 1 c. Wo gibt es Fehler? Markieren Sie.** → AB

LIEFERSCHEIN

Nr.	Bezeichnung	Menge
1	Arbeitslampe LIAN, silbern	1 Stück
2	Wandspiegel LUJO, grün	1 Stück
3	Handkissen VAXÖ, weiß	1 Stück
4	Desinfektionsspender, nachfüllbar	1 Stück
5	Nagellack KSÖN, farblos (kostenlose Probe)	1 Stück
6	Nagellackentferner KSÖN, geruchlos	5 Stück
7	Nagelpinsel, fein	1x 20 Stück

b **Auch Luis Moreno und seine Kollegin Sandra vergleichen Liefer- und Bestellschein. Markieren Sie die Adjektive in den Sprechblasen. Ergänzen Sie dann die Endungen im Grammatikkasten.**

Ich habe eine weiße ● Arbeitslampe und einen grünen ● Wandspiegel bestellt. Was steht auf dem Lieferschein?

Oh nein, hier steht keine weiße ● Arbeitslampe. Hier steht eine silberne ● Arbeitslampe von LIAN. Aber da ist ein grüner ● Wandspiegel. Sehr gut.

	Singular			Plural
	●	●	●	●
Nominativ (Hier steht … / Da ist …)	ein / kein grün___ Wandspiegel	ein / kein weißes Handkissen	eine / keine weiß___ / silbern___ Arbeitslampe	– feine Nagelpinsel keine feinen Nagelpinsel
Akkusativ (Ich habe … bestellt.)	einen / keinen grün___ Wandspiegel	ein / kein weißes Handkissen	eine / keine weiße Arbeitslampe	– feine Nagelpinsel keine feinen Nagelpinsel

c **Luis Moreno und Sandra kontrollieren weiter. Ergänzen Sie die Adjektive in der richtigen Form. Sprechen Sie dann den Dialog.**

hellgrau hellgrau nachfüllbar nachfüllbar weiß

Ich habe ein ______________ ● Handkissen und einen ______________ ● Desinfektionsspender bestellt. Was steht auf dem Lieferschein?

Oh nein, hier steht kein ______________ ● Handkissen. Hier steht ein ______________ ● Handkissen von VAXÖ. Aber da ist ein ______________ ● Desinfektionsspender. Sehr gut.

A2 **Gleichen Sie Bestell- und Lieferscheine ab. Person 1 arbeitet auf S. 73, Person 2 arbeitet auf S. 78.** → AB

A3 **Kettenübung. Was haben wir in der Lieferung? Sprechen Sie.**

In der Lieferung haben wir einen weißen Arbeitstisch.

In der Lieferung haben wir einen weißen Arbeitstisch und einen silbernen Spiegel.

In der Lieferung haben wir einen weißen Arbeitstisch, einen silbernen Spiegel und …

B eine Reklamation schreiben

B1 | a Sie hören ein Gespräch. Ist die Aussage dazu richtig oder falsch und welche Antwort (a oder b) passt am besten? Kreuzen Sie an. → AB

099

1 Luis Moreno bespricht mit seiner Chefin Probleme bei der Lieferung.
○ richtig ○ falsch

2 Luis Moreno soll
ⓐ eine neue Bestellung machen.
ⓑ eine Reklamation schreiben.

b Was passt zusammen? Verbinden Sie. Hören Sie dann noch einmal zur Kontrolle.

099

1 Wir haben eine Lieferung erhalten,
2 Sie haben eine Lampe von LIAN geschickt,
3 Außerdem ist da ein weißes Handkissen,
4 Es fehlt auch der farblose Nagellack von KSÖN,

A das in der Bestellung eigentlich hellgrau war.
B der so gut sein soll.
C die mit der Bestellung nicht übereinstimmt.
D die silbern ist.

c Lesen Sie den Grammatikkasten und ergänzen Sie das Relativpronomen.

Hauptsatz	Hauptsatz
Sie haben nicht ● den Nagellack geschickt.	Der ~~Nagellack~~ soll sehr gut sein.
Sie haben ● ein Handkissen geschickt.	Das Handkissen ist weiß.
Sie haben ● eine Lampe geschickt.	Die Lampe ist silbern.
Sie haben ● Produkte geschickt.	Die Produkte waren so nicht in der Bestellung.
Hauptsatz	**Nebensatz (Relativsatz mit Relativpronomen)**
Sie haben nicht ● den Nagellack geschickt,	*der* sehr gut sein soll.
Sie haben ● ein Handkissen geschickt,	...... weiß ist.
Sie haben ● eine Lampe geschickt,	...... silbern ist.
Sie haben ● Produkte geschickt,	...... so nicht in der Bestellung waren.

d Relativsätze: Verbinden Sie die Sätze.

1 Wir haben eine Lieferung erhalten. Die ~~Lieferung~~ hatte Fehler.
2 Sie haben eine Lampe geschickt. Die Lampe hat eine falsche Farbe.
3 Sie haben nicht das graue Handkissen geschickt. Das graue Handkissen steht auf dem Bestellschein.
4 Es fehlt der farblose Nagellack. Der farblose Nagellack ist im Angebot.
5 Bitte schicken Sie uns die Produkte. Die Produkte sind oben genannt.

1. Wir haben eine Lieferung erhalten, die Fehler hatte.

e *Was hast du?* Sprechen Sie.

Ich habe eine Lampe.

Die Lampe ist schön.

Sara hat eine Lampe, die schön ist.

B2 **Luis Moreno schreibt die Reklamation. Bringen Sie die Sätze in die richtige Reihenfolge und schreiben Sie die Reklamation dann noch einmal korrekt auf.** → AB

Von: moreno@nagelstudio_pinto.de gesendet: 23.10.20XX 18:40
An: service@großhandel-nagelkunst.de

___ Außerdem haben wir eine Probe vom farblosen Nagellack von KSÖN bestellt, der momentan im Angebot ist. Diese fehlt in der Lieferung.
___ Sehr geehrte Damen und Herren,
___ Luis Moreno, Nagelstudio Pinto
___ Die Arbeitslampe ist von der Marke LIAN und silbern. Wir haben aber eine weiße Arbeitslampe von LUJO bestellt. Auch das Handkissen wurde falsch geliefert: Sie haben uns ein weißes und kein hellgraues Handkissen VAXÖ geschickt.
___ Bitte senden Sie uns die richtigen Produkte umgehend zu.
_1_ Reklamation der Lieferung vom 23.10.20XX, Auftragsnummer 56XZ4
___ Mit freundlichen Grüßen
___ über Ihre Webseite habe ich am 20.10.20XX Produkte für unser Nagelstudio bestellt (Auftragsnummer: 56XZ4).
___ Am 23.10.20XX haben wir die Lieferung von Ihnen erhalten, die leider nicht zufriedenstellend war. Einige Produkte, die auf der Bestellung waren, sind nicht korrekt oder fehlen:

B3 **Welche dieser Ausdrücke finden Sie in B2? Markieren Sie in der E-Mail.** → AB

Informationen zur Bestellung
Über Ihre Webseite habe ich am … Produkte bestellt.
Am … haben wir die Lieferung von Ihnen erhalten.
Unsere Bestellung mit der Auftragsnummer … vom … haben wir am … erhalten.

Grund für die Reklamation
Leider ist die Lieferung / die Ware / … nicht in Ordnung / nicht zufriedenstellend / unvollständig / nicht wie bestellt.
Einige Produkte sind nicht korrekt oder fehlen: …
Es fehlt … / … ist nicht im Paket.
… hat eine andere Farbe / Größe / Marke.

Forderung
Wir bitten Sie, die richtigen / fehlenden Produkte umgehend zu senden.
Bitte senden Sie uns die richtigen Produkte umgehend zu.

B4 | a **Lesen Sie die Chatnachricht von Sandra und schreiben Sie für Luis noch eine Reklamation. Orientieren Sie sich an der Reklamation in B2 und den Notizen. Die Ausdrücke in B3 helfen Ihnen. Vergessen Sie nicht die Anrede und den Gruß.** → AB

Ich habe gerade die Packung mit den Nagelpinseln ausgepackt. Dabei habe ich gesehen, dass die Nagelpinsel viel zu breit sind. Die sind für unsere Arbeit ungeeignet! Hatten wir nicht feine Pinsel bestellt? Könntest du bitte noch eine Reklamation an NAGELKUNST schreiben? Danke!

Anrede: Sehr geehrte …
Information: Unsere Bestellung …
Grund: Leider sind die Pinsel …
Forderung: Bitte senden …
Gruß: Mit …
Name: …

b **Lesen Sie Ihre Reklamation noch einmal genau. Gibt es zu jedem Punkt auf der Notiz in a einen Satz?**

Tipps und Tricks bei der Adjektivdeklination

Extra

1 **Lesen Sie die Webseite. Sprechen Sie dann Dialoge wie im Beispiel.**

DEUTSCH LERNEN MIT RENATA

Adjektivendungen sind so schwer! 🙁 Aber – Das muss nicht sein! Hier gibt es ein paar Tipps und Tricks! 😃

		nach bestimmtem Artikel	nach unbestimmtem Artikel
Nominativ: Hier ist / sind ...	●	der große Spiegel	ein großer Spiegel
	●	das kleine Kissen	ein kleines Kissen
	●	die weiße Lampe	eine weiße Lampe
	●	die feinen Pinsel	– feine Pinsel
Akkusativ: Ich suche / empfehle ...	●	den großen Spiegel	einen großen Spiegel
	●	das kleine Kissen	ein kleines Kissen
	●	die weiße Lampe	eine weiße Lampe
	●	die weißen Lampen	– weiße Lampen

Tipp 1: ● *der*, ● *das*, ● *die* und im Akkusativ ● *den*:
Der Buchstabe am Ende des Artikels ist ein wichtiges Signal: *r, s, e, n*.
Das Adjektiv direkt danach hat nur die Endung **-e** oder **-en**, z. B.
Nominativ: ● der groß**e** Spiegel. Akkusativ: ● den groß**en** Spiegel

Tipp 2: Bei *ein* fehlt das Signal! Deshalb bekommt das Adjektiv das Signal, z. B:

● der große Spiegel → ein großer Spiegel

Verstanden? Jetzt müsst ihr nur noch viel üben! Am besten zu zweit. Sprecht die Dialoge und variiert sie danach mit den anderen Wörtern in der Tabelle!

Dialog mit Nominativ: Hier ist ein großer Spiegel. — Oh, der große Spiegel ist aber teuer!

Dialog mit Akkusativ: Ich suche einen großen Spiegel. — Ich kann Ihnen den großen Spiegel hier empfehlen.

Satzakzent bei Negation

Aussprache

1 **Hören Sie die Dialoge. Achten Sie auf die Betonung. Lesen Sie sie dann laut.**

100

1 ◆ Ist da eine Arbeitslampe im Paket?
○ Nein, da ist leider keine Arbeitslampe. Die haben sie wohl vergessen.

2 ◆ Haben sie die Pinsel geliefert?
○ Nein, die Pinsel haben sie nicht geliefert. Da müssen wir reklamieren ...

3 ◆ Haben sie das Desinfektionsmittel geliefert?
○ Nein, das Desinfektionsmittel haben sie nicht geliefert.
◆ Was? Da ist kein Desinfektionsmittel im Paket? Wir brauchen es doch so dringend!

Tipp: Auf eine *Ja/Nein*-Frage kann man eine negative Antwort mit *kein / nicht* geben:
→ *kein / nicht* = stark betont (laut + deutlich)

2 **Variieren Sie die Dialoge in 1 mit anderen Gegenständen.**

● Helm ● Kissen ● Klebeband ● Nägel ● Spiegel ● Warnweste ...

Kommunikation & Grammatik

7 K&G

eine Bestellung reklamieren

Informationen zur Bestellung geben 101

Über Ihre Webseite habe ich am ... Produkte bestellt.
Am ... haben wir die Lieferung von Ihnen erhalten.
Unsere Bestellung mit der Auftragsnummer ... vom ... haben wir am ... erhalten.

einen Grund für die Reklamation nennen 102

Leider ist die Lieferung / die Ware / ... nicht in Ordnung / nicht zufriedenstellend / unvollständig / nicht wie bestellt.
Einige Produkte sind nicht korrekt oder fehlen: ...
Es fehlt ... / ... ist nicht im Paket.
... hat eine andere Farbe / Größe / Marke.

eine Korrektur fordern 103

Wir bitten Sie, die richtigen / fehlenden Produkte umgehend zu senden.
Bitte senden Sie uns die richtigen Produkte umgehend zu.

Lesen Sie die Notizen und schreiben Sie eine kurze Reklamation.

Auftragsnummer: 6GH8J
Bestellung am: 05.08.
Lieferung am: 16.08.
Fehler:
- Kissen ist grau → in Grün bestellt
- Spiegel fehlt

Adjektivdeklination nach dem unbestimmten Artikel 104–105

	Singular			**Plural**
	●	●	●	●
Nom. (Da ist / sind ...)	ein / kein grüner Spiegel	ein / kein weißes Kissen	eine / keine weiße Lampe	– feine Pinsel / keine feinen Pinsel
Akk. (Ich habe ...)	einen / keinen grünen Spiegel	ein / kein weißes Kissen	eine / keine weiße Lampe	– feine Pinsel / keine feinen Pinsel
Dat. (mit ...)	einem / keinem grünen Spiegel	einem / keinem grünen Kissen	einer / keiner grünen Lampe	– feinen Pinseln / keinen feinen Pinseln

Schreiben Sie drei Sätze mit Adjektiven. Die Endungen fehlen. Eine andere Person ergänzt die Lücken.

1. Ich habe eine grau___ Lampe bestellt.
2. ...

Relativsätze im Nominativ 106

Hauptsatz	**Hauptsatz**
Sie haben ● den Nagellack geschickt.	Der ~~Nagellack~~ soll sehr gut sein.
Sie haben ● ein Handkissen geschickt.	Das Handkissen ist weiß.
Sie haben ● eine Lampe geschickt.	Die Lampe ist silbern.
Sie haben ● Produkte geschickt.	Die Produkte waren nicht in der Bestellung.
Hauptsatz	**Nebensatz (Relativsatz)**
Sie haben ● den Nagellack geschickt,	der sehr gut sein soll.
Sie haben ● ein Handkissen geschickt,	das weiß ist.
Sie haben ● eine Lampe geschickt,	die silbern ist.
Sie haben ● Produkte geschickt,	die nicht in der Bestellung waren.

Schreiben Sie Relativsätze auf Zettel. Schneiden Sie die Sätze auseinander. Sortieren Sie.

Sie | haben | eine Lampe | geschickt, | die | blau | ist.

8

Aka Beridze ist für die Kundinnen und Kunden da

●●●●● CH-Net

Weiterleitung: Ticket 324 / Kundennr. 4839B
Betreff: Beschwerde
über: Kontaktformular
Sehr geehrte Damen und Herren,
ich habe bei Ihnen einen Kindersitz fürs Fahrrad bestellt. Er ist nun angekommen und ich möchte mich beschweren. Es gibt mehrere Probleme!
Bitte rufen Sie mich an: 0177 7284292
Viele Grüße
Bastian Senke

1 **Lesen Sie. Was ist richtig? Kreuzen Sie an.** → AB

1 ○ Bastian hat ein Fahrrad mit Kindersitz gekauft.
2 ○ Bastian ist nicht zufrieden mit dem Kindersitz.
3 ○ Man soll Bastian anrufen.

2 | a **Hören Sie den Anfang des Gesprächs zwischen Aka Beridze und Bastian Senke.**
107 **Welche Sätze hören Sie? Kreuzen Sie an.** → AB

“ ....

○ *Ich rufe an wegen Ihrer Nachricht / Beschwerde.*
○ *Sie haben bei uns angerufen. / Sie haben uns eine Nachricht geschickt. Deshalb melde ich mich bei Ihnen.*
”

“ ....

○ *Wie kann ich Ihnen helfen?*
○ *Was kann ich für Sie tun?*
○ *Worum geht es (genau)?*
”

b **Ergänzen Sie die Überschriften in a.**

nachfragen und Hilfe anbieten   auf eine Nachricht reagieren

3 | a **Ergänzen Sie.** → AB

- der Gurt
- der Kindersitz
- das Polster
- die Stange

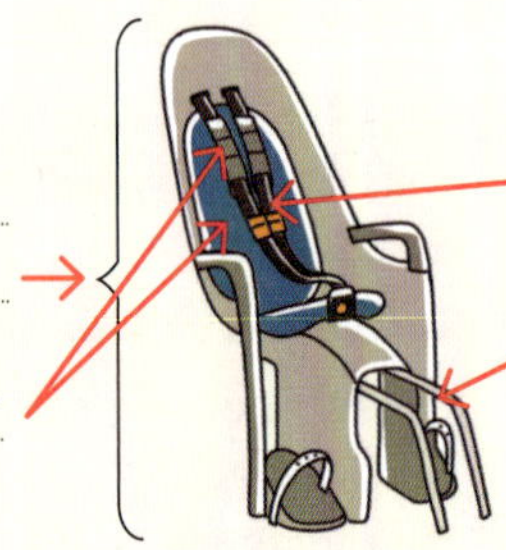

1 ....
2 *das Polster*
3 ....
4 ....

b **Hören Sie den Anfang des Gesprächs noch einmal. Korrigieren Sie die Sätze.**

107
1 Bastian hat ~~zwei~~ Probleme. *drei*
2 Der Kindersitz ist zu groß.
3 Die Gurte sind viel zu weich.
4 Die Stangen sind zu lang.

4 **Haben Sie sich schon mal beschwert? Warum? Sprechen Sie.**

Ich habe mich mal bei einem Möbelhaus beschwert, weil der neue Schrank zu spät angekommen ist.

A Anfragen entgegennehmen und Lösungswege aufzeigen

A1 | a Hören Sie den zweiten Teil des Gesprächs. Was ist richtig? Kreuzen Sie an. → AB

108
1 Aka spricht mit Bastian über
○ Problem 1. ○ Problem 2 und 3. ○ alle Probleme.

2 Der harte Kindersitz
○ ist oft Thema von Beschwerden. ○ stört sonst niemanden. ○ wird oft gekauft.

3 Aka ○ schickt ○ empfiehlt ○ bringt Bastian ein Produkt.

4 Aka braucht
○ Informationen vom Verantwortlichen. ○ auch einen Kindersitz.
○ eine Gebrauchsanweisung für die Montage.

b Lesen Sie die Redemittel und ergänzen Sie sie im Gespräch. Hören Sie dann zur Kontrolle.

109

Lösungen für Probleme besprechen
Das ist bei diesem Produkt normal / so gewollt.
Das ist richtig so.
Da helfe ich Ihnen gern weiter: Sie können ...
Ich empfehle Ihnen: Kaufen / Bestellen Sie ...

auf eine andere Person verweisen
Dafür ist ... zuständig / verantwortlich.
Da muss ich beim zuständigen Mitarbeiter / Produktverantwortlichen nachfragen.
Ich werde bei Frau / Herrn ... nachfragen.
Hier ist Frau / Herr ... Ansprechpartner/in.

○ Der Sitz ist total hart.
◆ Ja, der Kindersitz ist hart, aber das ist bei diesem Produkt normal (1) und kein Produktfehler. Das .... (2).
...
◆ Und jetzt Problem 2: Sie haben gesagt: Die Gurte sind zu fest. Da .... (3): Sie können die Gurte einstellen. Auf Seite 2 in der Gebrauchsanweisung gibt es Informationen dazu. Achten Sie auf die Länge der Gurte.
○ Worauf soll ich da genau achten?
◆ Sie dürfen nicht zu eng und nicht zu weit sein. Dazu gibt es auch Hinweise in der Gebrauchsanweisung.
○ Ach so, okay, darauf soll ich achten. Dann lese ich es dort noch mal nach.
◆ Und es gibt auch kleine Polster. .... (4) die Polster. Die passen genau.
○ Wozu passen die Polster?
...
◆ Und jetzt das dritte Problem: ... Die Stangen sind zu kurz für das Fahrrad? .... beim Produktverantwortlichen .... (5). Einen Moment, ich schaue mal kurz nach, wer das ist. .... Herr Conradi aus der Fachabteilung Montage .... (6).

A2 Ergänzen Sie den Grammatikkasten mit den Wörtern aus A1 b. → AB

◆ .... (1) die Länge der Gurte.	○ .... (2) soll ich da genau achten?
◆ Sie dürfen nicht zu eng und nicht zu weit sein.	○ Ach so, okay, ... (3) soll ich achten.

A3 Zu zweit: Eine Beschwerde am Telefon. Arbeiten Sie auf S. 77–78. → AB

B auf eine Beschwerde reagieren

B1 **Lesen Sie Akas E-Mail und ergänzen Sie.** → AB

Beschwerde | Fahrrad | Kindersitz | Lösung | Stangen

Von: a.berdize@aktiv-XL.de
An: t.conradi@aktiv-XL.de
Betreff: Nachfrage zu Kindersitz

Lieber Theodor,
ich habe mich gerade um eine ______ (1) gekümmert und schon zwei Probleme gelöst. Für das dritte Problem brauche ich deine Hilfe: Die ______ (2) am Kindersitz sind zu kurz. Sie passen nicht an den Adapter. Der Kunde hat das ______ (3) Sanbike 249L, 28 Zoll. Was soll er jetzt tun? Das ist nicht die erste Beschwerde zu diesem Thema. Können wir die Produktinformation auf der Webseite besser machen? Wir können schreiben: Bei den Fahrradmarken ... und ... passen die Stangen nicht. Und danach beschreiben wir die ______ (4) des Problems. Dann beschweren sich bestimmt nicht mehr so viele über den ______ (5).
Viele Grüße
Aka

B2 **Sehen Sie die Tabelle an und ergänzen Sie die Sätze.** → AB

- ◆ Warum beschweren ______ (1) so viele Leute über diesen Kindersitz?
- ○ Weil die Stangen nicht an alle Fahrräder passen.
- ◆ Und wer kümmert ______ (2) um diese Beschwerde?
- ○ Das mache ich. Ich kümmere ______ (3) auch um eine Lösung.

ich	beschwere	mich
du	beschwerst	dich
er / es / sie	beschwert	sich
wir	beschweren	uns
ihr	beschwert	euch
sie / Sie	beschweren	sich

auch so: *sich kümmern, sich informieren, sich bewerben*

B3|a **Lesen Sie die Antwortmail und kreuzen Sie an.** → AB

Von: t.conradi@aktiv-XL.de
An: a.berdize@aktiv-XL.de
Betreff: Nachfrage zu Kindersitz

Hallo Aka,
danke für deine __1__. Ich kann dir und dem Kunden helfen. Die Lösung ist: Wir __2__ dem Kunden längere Stangen. Die kürzeren Stangen macht er vom Kindersitz ab und montiert die neuen, längeren Stangen. Dann __3__ alles. Die Stangen und die Lieferung sind für den Kunden natürlich kostenlos. Und: Ja, du hast recht: Das Stangenproblem haben wir oft. Die Idee mit der Information auf der Webseite finde ich gut. Dann können __4__ die Kunden gleich informieren: Passt der Sitz an mein Fahrrad? Es gibt __5__ ein paar Fahrradmarken mit diesem Problem. Ich werde mal eine Liste machen. __6__ du dich um die Antwortmail an den Kunden? Danke!

1 ⓐ Beschwerde
ⓑ Idee
ⓧ Nachricht

2 ⓐ bestätigen
ⓑ bringen
ⓒ schicken

3 ⓐ funktioniert
ⓑ informiert
ⓒ tauscht

4 ⓐ dich
ⓑ mich
ⓒ sich

5 ⓐ circa
ⓑ leider
ⓒ plötzlich

6 ⓐ Kümmerst
ⓑ Prüfst
ⓒ Schreibst

b **Sehen Sie den Grammatikkasten an und ergänzen Sie *Kunde* in der passenden Form.**

- ◆ Schickst du die Rückmeldung an den .... (1)?
- ○ Ja!
- ◆ Und sag dem .... (2) auch: Wir kümmern uns um eine schnelle Lieferung.

Nominativ	Der Kunde beschwert sich.
Akkusativ	Die Stangen sind für den Kunden kostenlos.
Dativ	Ich kann dir und dem Kunden helfen.
auch so: *der Junge*, *der Kollege*	

B4 Eine Rückmeldung an den Kunden schreiben. Bearbeiten Sie die Schritte 1–5. → AB

1. Schritt: *Anrede. Sortieren Sie.*

Herr / , / geehrter / Senke / Sehr

Tipp: Schreiben Sie den Namen in die Anrede. Danach kommt ein Komma.

....

2. Schritt: *Einleitung. Lesen Sie die Sätze. Welche Einleitung gefällt Ihnen? Wählen Sie aus.*

“
1 ○ *vielen Dank für das freundliche Telefonat. Ich habe nun mit dem Produktverantwortlichen gesprochen und gebe Ihnen Rückmeldung.*

2 ○ *wie angekündigt melde ich mich nach unserem Telefonat vom 5.4. wieder bei Ihnen mit Informationen aus der Fachabteilung.*
”

3. Schritt: *Hauptteil. Was passt? Verbinden Sie.*

1 Ich habe das Problem
2 Er hat gesagt: Wir schicken Ihnen schnell
3 Sie machen bitte die kurzen Stangen ab
4 Nach der Montage der langen Stangen
5 Die Stangen und die Lieferung sind für Sie

A selbstverständlich kostenlos.
B wird dann alles funktionieren.
C längere Stangen für Ihren Kindersitz.
D mit dem zuständigen Mitarbeiter besprochen.
E und montieren die neuen Stangen.

4. Schritt: *Schluss. Welche Sätze würden Sie gern schreiben? Kreuzen Sie an.*

“
1 ○ *Wir hoffen, dass wir Ihnen weiterhelfen konnten.*
2 ○ *Hoffentlich konnten wir Sie zufriedenstellen.*
3 ○ *Wir möchten uns für die Probleme bei Ihnen entschuldigen.*
4 ○ *Wir möchten Sie gern als Kunden behalten.*
5 ○ *Ihre Zufriedenheit ist uns wichtig.*
6 ○ *Bei weiteren Fragen können Sie sich gern melden.*
”

5. Schritt: *Gruß. Bilden Sie Wörter und notieren Sie.*

freund | Grü | lichen | Mit | ßen

....

B5 Schreiben Sie die E-Mail mit der Rückmeldung an Bastian Senke.

Höflich auf Beschwerden reagieren

Extra

1 **Lesen Sie. Welche Tipps bekommt man? Ergänzen Sie.** → AB

freundlich bleiben | Hilfe anbieten | sich bedanken

KURZWEITERBILDUNG: Kundenkontakte verbessern – aber wie? **Montag, 16.5.**

ALLGEMEINE TIPPS:

1 ....: Der Kunde oder die Kundin ist nicht nett, die Frage ist nicht schlau, die Beschwerde schlimm – egal! Bleiben Sie bei jedem Kundenkontakt immer freundlich. Sehen Sie das professionell. Ihre Aufgabe ist: alle Kundinnen und Kunden immer freundlich beraten.

2 ....: Wir wollen den Kundinnen und Kunden in jedem Moment zeigen: Es ist gut, dass wir Kontakt zu Ihnen haben. Bedanken Sie sich deshalb für jede Frage, jede Idee, jede Beschwerde.

3 ....: Wir möchten guten Service bieten. Deshalb: Bieten Sie den Kunden immer Hilfe und Unterstützung an. Seien Sie immer hilfsbereit. *Was kann ich für Sie tun?* – Das ist unser wichtigster Satz!

Unser Motto ist: Jeder Kundenkontakt ist gut!

2 **Lesen Sie die Nachricht und schicken Sie Janis eine Sprachnachricht mit den Tipps aus 1.**

Hey Aka, du hattest doch letzte Woche eine Weiterbildung zum Thema Kundenkontakt. Das brauche ich auch!!! Stell dir vor: Heute hatte ich eine Beschwerde. Eine Frau hat bei uns Blumen gekauft. Und jetzt hat sich die Frau beschwert, weil der Strauß nach zwei Wochen nicht mehr schön ist. Wie kann man da freundlich bleiben ... Hilf mir!! 😠 LG, Janis.

Hallo Janis, oh je! Ich verstehe dich. Aber: ...

Die Endungen *-e, -el, -em, -en*

Aussprache

1 a **Hören Sie und lesen Sie leise mit.**

110

1 Kunde
2 Beschwerde
3 Stange
4 Zettel
5 ruhig bleiben
6 freundlich reagieren
7 sich beschweren
8 jedem

b **Hören Sie noch einmal und sprechen Sie mit.**

110

2 **Schreiben Sie Sätze mit den Wörtern aus 1 a auf einen Zettel. Lesen Sie die Sätze laut vor und achten Sie auf die Aussprache.**

Bei Beschwerden soll man freundlich reagieren.

Bei Beschwerden soll man freundlich reagieren.

Tipp:
Bei den Endungen *-en* (Beschwerden), *-el* (Zettel), *-em* (jedem) spricht man das *e* oft gar nicht. Diese Endungen sind auch nie betont.

Kommunikation & Grammatik

8 K&G

auf eine Nachricht reagieren 111
Ich rufe an wegen Ihrer Nachricht / Beschwerde.
Sie haben bei uns angerufen. / Sie haben uns eine Nachricht geschickt. Deshalb melde ich mich bei Ihnen.

nachfragen und Hilfe anbieten 112
Wie kann ich Ihnen helfen?
Was kann ich für Sie tun?
Worum geht es (genau)?

Schreiben und spielen Sie ein Telefonat.
Person 1 beschwert sich über ein Produkt.
Person 2 verweist auf eine andere Person.

Ich habe ein Problem mit der Waschmaschine XZ5051. Man kann die Temperatur nicht einstellen!

Ich werde bei Frau Kunz nachfragen. Sie ...

Lösungen für Probleme besprechen 113
Das ist bei diesem Produkt normal / so gewollt. Das ist richtig so.
Da helfe ich Ihnen gern weiter: Sie können ...
Ich empfehle Ihnen: Kaufen / Bestellen Sie ...

auf eine andere Person verweisen 114
Dafür ist ... zuständig / verantwortlich.
Da muss ich beim zuständigen Mitarbeiter / Produktverantwortlichen nachfragen.
Ich werde bei Frau / Herrn ... nachfragen.
Hier ist Frau / Herr ... Ansprechpartner/in.

eine Rückmeldung an Kundinnen und Kunden schreiben

Einleitung
vielen Dank für das freundliche Telefonat. Ich habe nun mit dem Produktverantwortlichen gesprochen und gebe Ihnen Rückmeldung.
wie angekündigt melde ich mich nach unserem Telefonat vom ... wieder bei Ihnen mit Informationen aus der Fachabteilung.

Hauptteil
Ich habe das Problem mit dem zuständigen Mitarbeiter besprochen.
Er hat gesagt: Wir schicken Ihnen schnell ...
Die Lieferung / ... ist / sind für Sie selbstverständlich kostenlos.

Schluss
Wir hoffen, dass wir Ihnen weiterhelfen konnten.
Hoffentlich konnten wir Sie zufriedenstellen.
Wir möchten uns für die Probleme bei Ihnen entschuldigen.
Wir möchten Sie gern als Kunden behalten.
Ihre Zufriedenheit ist uns wichtig.
Bei weiteren Fragen können Sie sich gern melden.

Lesen Sie die Nachricht und schreiben Sie eine kurze Rückmeldung.

Ich habe bei Ihnen Lautsprecher bestellt. Aber: Das Verbindungskabel passt nicht! Es ist viel zu kurz.

- *Name: Herr Aab*
- *mit dem Mitarbeiter gesprochen*
- *Lösung: kostenloses Verlängerungskabel*

Fragewörter und Pronominaladverbien 115

1 ◆ Ich träume schon von Beschwerden. ○ Wovon?... Ach, davon.
2 ◆ Achte auf die Länge! ○ Worauf? ... Ach, darauf.

1 *wo-/da- + bei, für, von, nach*	2 ⚠ *Wor-/dar- + an, auf, aus, über, um*

Schreiben Sie wie links in Satz 2:
– auf eine Beschwerde antworten
– den Kollegen um Nachricht bitten

Reflexive Verben 116

sich beschweren (auch so: *sich bedanken, sich bewerben, sich entschuldigen*)					
ich	beschwere	mich	wir	beschweren	uns
du	beschwerst	dich	ihr	beschwert	euch
er / es / sie	beschwert	sich	sie / Sie	beschweren	sich

Schreiben Sie drei Sätze mit den Verben links und mit Lücken. Eine andere Person ergänzt.

Er bedankt ____ für die Hilfe.

n-Deklination 117

Nominativ	Akkusativ	Dativ	auch so: *der Junge, der Kollege*
● der Kunde	den Kunden	dem Kunden	

Ergänzen Sie die Endungen.
Ich mag meinen Kollege___ nicht. Ich arbeite mit diesem Kollege___ nicht gern.

9 Samuel Belinga informiert sich auf der Messe

1 a Sehen Sie das Foto und die Webseite auf dem Smartphone an. Was macht Samuel Belinga? Für welche Veranstaltung interessiert er sich? → AB

Er ist in einer Werkstatt.

Genau. Vielleicht produziert er ...?

b Lesen Sie die Internetseite und beantworten Sie die Fragen.

HAMBURGER MESSE
FÜR KUNSTHANDWERKSBEDARF

Sie arbeiten mit Holz, Metall, Glas oder Plastik – und brauchen neue Materialien, Möbel für Ihre Werkstatt oder neue Ideen?
Freuen Sie sich auf die Hamburger Messe für Kunsthandwerksbedarf! 120 Aussteller/innen stellen drei Tage lang Werkzeuge, Materialien und Einzelstücke vor.
Bis zur Eröffnung sind es nur noch ...

5 Tage | 20 Stunden | 47 Minuten | 58 Sekunden

AUSSTELLERVERZEICHNIS:

Werkzeug-Willy
Wilhelm Hansen, Lübeck
Werkzeuge, Produkte für die Werkzeugpflege
Stand D38

Öko-Holz
Ricarda Fereira, Hannover
Produkte aus Holz, nachhaltig und fair
Stand H05

1 Wo ist die Messe? Wie lange dauert sie?
2 Was kann man dort finden?
3 Wann beginnt die Messe?
4 Was bieten die zwei Aussteller an?

Materialien
- das Holz
- das Metall
- das Glas
- der Stoff

Perlen aus Holz

2 Waren Sie schon einmal auf einer Messe? Was war das Thema? Waren Sie Besucher/in oder haben Sie selbst ausgestellt? Erzählen Sie.

A Gespräche am Messestand führen

A1 **Werkzeuge. Was ist was? Verbinden Sie.** → AB

1 • der Bohrer
2 • der Hammer
3 • das Messer
4 • die Säge
5 • die Zange

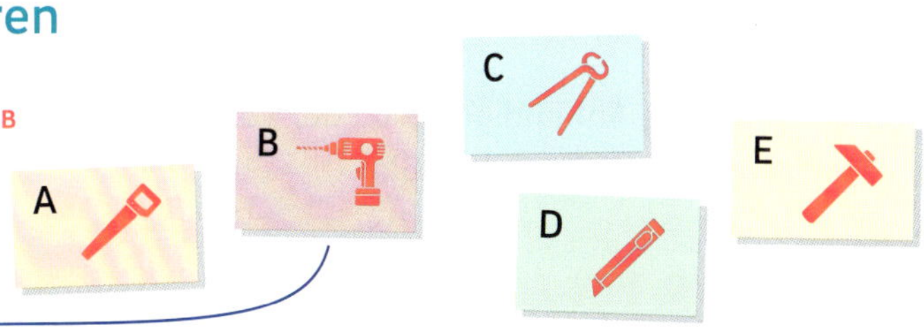

A2 | a **Welche Fragen stellt Samuel Belinga am Messestand von W. Hansen? Hören Sie und kreuzen Sie an.**

118
1 ○ Was brauchen Sie denn genau?
2 ○ Können Sie mir sagen, ob es gute Bohrer für Holz und Metall gibt?
3 ○ Ich würde gern wissen, welche Größen Sie haben.
4 ○ Wäre das etwas für Sie?

b **Welche Antworten bekommt er auf seine Fragen?**
118 **Hören Sie noch einmal und notieren Sie.**

A3 | a **Ergänzen Sie die passenden Einleitungssätze aus den Fragen in A2 a.**
Lesen Sie dann die Regel. Was ist richtig? Kreuzen Sie an. → AB

	Direkte Frage	Indirekte Frage
W-?	Welche Größen haben Sie?	*Ich würde* .... welche Größen Sie haben.
Ja / Nein-?	Gibt es gute Bohrer für Holz und Metall?	.... ob es gute Bohrer für Holz und Metall gibt?

Indirekte Fragen haben einen Einleitungssatz.	○ ja	○ nein
Danach kommt ein Nebensatz mit dem Verb	○ in Position 2.	○ am Ende.
Bei *W*-Fragen beginnt der Nebensatz mit	○ dem *W*-Fragewort.	○ *dass.*
Bei *Ja / Nein*-Fragen beginnt der Nebensatz mit	○ *dass.*	○ *ob.*
Der Einleitungssatz ist eine Frage: Am Ende steht ein	○ Punkt (.)	○ Fragezeichen (?)
Der Einleitungssatz ist KEINE Frage: Am Ende steht ein	○ Punkt (.)	○ Fragezeichen (?)

b **Formulieren Sie die Fragen höflicher.**

1 Haben Sie eine stabile Säge für Metall? → Ich würde gern wissen, ...
2 Haben Sie einen Hammer aus Gummi? → Ich wollte fragen, ...
3 Welches Material ist das? → Können Sie mir sagen, ... ?
4 Was kostet die Zange? → Wissen Sie, ... ?
5 Gibt es bei Ihnen auch dünnen Metalldraht? → Darf ich fragen, ... ?
6 Kann man mit der Säge Hartholz bearbeiten? → Mich würde interessieren, ...

1. Ich würde gern wissen, ob Sie eine stabile Säge für Metall haben.

A4 | a **Sie besuchen die Messe. Notieren Sie drei Fragen mit Einleitung wie in A3.** → AB

b **Auf der Messe. Spielen Sie kleine Dialoge.**

◆ Guten Tag. Ich interessiere mich für ...
○ Sehr gut. Wie kann ich Ihnen helfen?
◆ Ich würde gern wissen, ... / Können Sie mir sagen, ...?
○ ✓ Also, das ist so: ... / Wir haben sehr gute ...
✗ Oh, tut mir leid, das kann ich Ihnen leider nicht sagen.
◆ Alles klar, vielen Dank! Auf Wiedersehen!

B Notizen zu einem Vortrag machen und Angebote anfragen

B1 **Lesen Sie die Ankündigung. Ist der Vortrag für Samuel Belinga interessant? Warum (nicht)? Sprechen Sie.** → AB

VORTRAG

Die Firma Öko-Holz
Ricarda Fereira, Gründerin
15:00, Hauptbühne

- Warum Öko-Holz?
- Unser Material: Eigenschaften
- Unser Sortiment

– Hartholz gut. Problem: nicht umweltfreundlich
– Aber Öko-Holz: ...

Samuel produziert ja ...

Genau. Er braucht sicher ...

B2 **Welche Informationen im Vortrag sind für Samuel Belinga vielleicht interessant? Hören Sie und machen Sie auf dem Flyer in B1 Notizen.**
119

● der Holzblock, ¨-e

B3 **Lesen Sie den Grammatikkasten und die Sätze aus dem Vortrag. Ergänzen Sie *den* oder *das*.** → AB

Das ist ● ein tolles Material. Die Kunden lieben ● das Material.

Das ist ● ein tolles Material, ● .... die Kunden lieben.

Das ist ● unser Katalog. Sie bekommen ● den Katalog am Stand.

Das ist ● unser Katalog, ● .... Sie am Stand bekommen.

Das ist	● der Bohrer, ● das Material, ● die Zange,	● den ● das ● die	ich super finde.
Das sind	● die Perlen,	● die	

B4 | a **Schreiben Sie Sätze.** → AB

● der Bohrer ● der Hammer ● das Messer ● die Perlen ● die Säge ● die Zange

Wo ist der ..., den ich dir geliehen habe?

Wo ist die ..., die ich dir geliehen habe?

Wo ist das ..., das ich dir geliehen habe?

Wo sind die ..., die ich dir geliehen habe?

Wo ist der Bohrer, den ich dir geliehen habe?

b **Sprechen Sie Dialoge wie im Beispiel.**

Du sag mal ... Wo ist denn der Bohrer, den ich dir geliehen habe?

Oh, sorry! Das habe ich ganz vergessen. Ich gebe dir den Bohrer gleich zurück. Hier, bitte.

Danke!

B5 | a Samuel Belinga schreibt an die Firma *Öko-Holz*. Lesen Sie die E-Mail. Welcher Ausdruck (a, b oder c) passt am besten in die Lücken 1–6? Kreuzen Sie an.

Betreff: Anfrage Holzperlen

Hallo Frau Fereira,

vielen ___1___ für das interessante Gespräch auf der Messe in Hamburg. Ich ___2___ mich für runde Perlen aus Holz, etwa 3 cm Durchmesser. Welche Perlen haben Sie ___3___? Bitte schicken Sie mir eine Preisliste zu Ihren Angeboten. Besonders interessant sind für mich die schwarzen Perlen, die Sie auf der Messe ___4___ haben. Wie lange würde der Versand ___5___?

Ich danke Ihnen ___6___ für Ihre Mühe.
Mit freundlichen Grüßen
Samuel Belinga

1 ⓐ Dank
ⓑ danke
ⓒ Dankeschön

2 ⓐ frage
ⓑ informiere
ⓒ interessiere

3 ⓐ dabei
ⓑ erreichbar
ⓒ im Sortiment

4 ⓐ bestellt
ⓑ vorbereitet
ⓒ vorgestellt

5 ⓐ dauern
ⓑ warten
ⓒ Zeit haben

6 ⓐ im Voraus
ⓑ nach vorne
ⓒ vorher

b Was möchte Samuel Belinga? Worum bittet er Frau Fereira? Sprechen Sie.

B6 | a Lesen Sie die Antwort. Welche Artikel und welche Arten von Perlen gibt es? → AB

Betreff: Anfrage Holzperlen

Hallo Herr Belinga,

vielen Dank für Ihre Anfrage. Folgende Artikel haben wir zurzeit im Angebot:

- Holzperle schwarz, 3 cm, rund, 1 Stück: 0,99 Euro
- Holzperlen schwarz, 3 cm, rund, 50 Stück: 45,00 Euro
- Holzperlen schwarz, 3 cm, rund, 100 Stück: 85,00 Euro

Alle Perlen gibt es mit Bohrung und ohne Bohrung. Bestellen Sie bitte mit der Info, wie Sie die Perlen wünschen. Der Versand dauert 3–4 Werktage.

Mit freundlichen Grüßen
Ricarda Fereira

mit (✓) + Dat.
ohne (✗) + Akk.

b Beantworten Sie die Fragen.

1 Samuel Belinga braucht 150 schwarze Holzperlen. Was kosten sie?
2 Welche Frage soll er bei der Bestellung beantworten?

B7 | a Samuel Belinga interessiert sich auch für die Bohrer von Wilhelm Hansen. Lesen Sie seine Notizen. Schreiben Sie eine Anfrage ähnlich wie in B5 a.

Holzbohrer in verschiedenen Größen // besonders interessant: Bohrer mit 0,3 mm, auf der Messe gezeigt // Versand: wie lange?

b Haben Sie schon einmal eine Anfrage wie in B5a geschrieben? Erzählen Sie.

Extra

Lese-, Hör- und Sehgedächtnis

1 **Lesen Sie die Forumsbeiträge. Wer ist das? Ergänzen Sie.** → AB

AdAm

Hallo Leute! Ich bin seit ein paar Monaten selbstständig. Das bedeutet: Infos, Infos, Infos! Kundinnen und Kunden erzählen mir etwas. Ich höre Vorträge. Ich telefoniere. Mein Problem ist: Ich vergesse viele Informationen gleich wieder. Kennt ihr das Problem? Habt ihr Tipps?

Mia<3

Bei Gesprächen und Vorträgen vergesse ich auch viele Sachen. Wenn ich die Informationen nur höre, kann ich mich ganz schlecht erinnern. Mir hilft: Aufschreiben! Ich habe immer ein kleines Buch bei mir. Da schreibe ich alle wichtigen Informationen rein. Oft muss ich sie später gar nicht mehr lesen. Das Schreiben hilft mir schon, dass ich nichts vergesse.

Tobi3

Mir helfen Notizen auch sehr. Oft lese ich sie später wieder. Das bedeutet für mich auch: Ich muss nicht immer alles im Kopf haben. Ich habe es auf Papier. Da ist es sicher und für mich ist es weniger stressig. 😉

§Cem§

Bei mir ist es andersrum: Ich kann mir ganz schlecht Informationen merken, die ich nur gelesen habe. Deshalb erzähle ich anderen Leuten davon. Das hilft mir. Und Wörter und Namen – die sage oder singe ich manchmal für mich allein. Später erinnere ich mich dann an den Klang oder die Melodie.

1 Sie / Er liest die Notizen später wieder. → ____________
2 Sie / Er vergisst oft Sachen, die Leute erzählt haben. → ____________
3 Sie / Er sagt oder singt Informationen, die sie / er gelesen hat. → ____________
4 Sie / Er schreibt sich wichtige Informationen auf.
Das Schreiben hilft beim Erinnern. → ____________

2 **Welche Aussagen stimmen für Sie? Kreuzen Sie an. Sprechen Sie.**

1 Ich kann mich gut an Informationen erinnern,
die ich ○ gelesen habe. ○ gehört habe. ○ geschrieben habe.
2 Wichtige Informationen, die ich nicht vergessen möchte,
○ notiere ich. ○ spreche ich in mein Handy.

Aussprache

kl, pfl, schm, schw und str

1 **Hören Sie und sprechen Sie nach.**

120
1 Klang, klein, Kleidung
2 Pflege, Pflanze, Pflicht
3 Schmuck, schmecken, schmutzig
4 schwarz, Schwester, schwimmen
5 stressig, Straße, Strand

Tipp:
→ str → schtr

2 **Lesen Sie die Wörter laut und machen Sie eine Tonaufnahme.**
120 **Hören Sie dann noch einmal und vergleichen Sie.**

Kommunikation & Grammatik

9 K&G

höflich fragen 121

Ich würde gern wissen, …
Ich wollte fragen, …
Können Sie mir sagen, …?
Wissen Sie, …?
Darf ich fragen, …?
Mich würde interessieren, …

höflich sagen, dass man etwas nicht weiß

Oh, tut mir leid, das kann ich Ihnen leider nicht sagen.

Fragen und antworten Sie höflich.
- Wie spät ist es?
- Wo finde ich die Toiletten?
- Ist hier die Anmeldung?
- Wie komme ich zum Bahnhof?
- Darf man hier telefonieren?

…

Können Sie mir sagen, wie spät es ist?

Natürlich. Es ist 10 Uhr 20.

Indirekte Fragen 122–124

	Direkte Frage	Indirekte Frage
W-?	Welche Größen haben Sie?	*Ich würde gern wissen,* welche Größen Sie haben.
Ja / Nein-?	Haben Sie gute Bohrer für Holz?	*Können Sie mir sagen,* ob Sie gute Bohrer für Holz haben?

Indirekte Fragen haben einen *Einleitungssatz* am Anfang.
Danach kommt ein Nebensatz mit dem Verb am Ende.

Bei *W*-Fragen: Der Nebensatz beginnt mit dem *W*-Fragewort.
Bei *Ja / Nein*-Fragen: Der Nebensatz beginnt mit *ob*.

Der Einleitungssatz ist eine Frage: Am Ende steht ein **Fragezeichen.**
z. B. *Können Sie mir sagen, …?* *Wissen Sie, …?*
Der Einleitungssatz ist KEINE Frage. Am Ende steht ein **Punkt.**
z. B. *Ich würde gern wissen, … .* *Mich würde interessieren, … .*

Relativsätze im Akkusativ 125–126

Das ist ● ein tolles Material. Die Kunden lieben ● das Material.

Das ist ● ein tolles Material, ● das die Kunden lieben.

Das ist ● unser Katalog. Sie bekommen ● den Katalog am Stand.

Das ist ● unser Katalog, ● den Sie am Stand bekommen.

Das ist	● der Bohrer, ● das Material, ● die Zange,	● den ● das ● die	ich super finde.
Das sind	● die Perlen,	● die	

Suchen Sie drei Gegenstände, die Sie „geliehen" haben. Geben Sie sie zurück und benennen Sie sie.

Das ist der Stift, den du mir gegeben hast.

Das ist das Heft, das du mir gegeben hast.

Modale Präpositionen: *mit* + Dat. und *ohne* + Akk. 127–128

mit (✓) + Dat.	*ohne* (✗) + Akk.
● mit dem / einem Stift	● ohne den / einen Stift
● mit dem / einem Buch	● ohne das / ein Buch
● mit der / einer Tasche	● ohne die / eine Tasche
● mit den Büchern / mit Büchern	● ohne die Bücher / ohne Bücher

Wie kommen Sie zum Kurs? Schreiben Sie je 3 Sätze mit *mit* und *ohne*.

Ich komme mit meinem Buch zum Kurs.

10

Nurana Gulpa präsentiert ihre Arbeit

Liebe Frau Gulpa,
meine Freunde haben mir Hochzeitsfotos gezeigt, die Sie gemacht haben. Ihre Fotos sind wirklich toll! Mein Freund und ich planen gerade unsere Hochzeit. Sie findet am 7. Juli statt und wir würden Sie gern als Fotografin beauftragen. Hätten Sie an diesem Datum Zeit? Und könnten Sie uns noch weitere Informationen mit Ihren Leistungen und Preisen zuschicken?
Vielen Dank und viele Grüße
Lisa Preußler

1 Lesen Sie die Anfrage von Lisa Preußler und die Antwort von Nurana Gulpa. Was stimmt? Kreuzen Sie an. → AB

Liebe Frau Preußler,
ich bin gerade auf einer Hochzeitsmesse und habe leider nur wenig Zeit. Deshalb hier nur eine kurze Antwort: Ja, ich habe am 7. Juli Zeit und Sie können sich auf meiner Homepage informieren. Dort finden Sie auch ein Video mit einer Präsentation von meinem Profil und Beispielen. Danach können wir uns gern persönlich unterhalten.
Viele Grüße
Nurana Gulpa

ⓐ Lisas Freunde haben schöne Hochzeitsfotos gemacht.
ⓑ Lisa heiratet am 7.6.
ⓒ Lisa soll sich auf Nuranas Homepage informieren.
ⓓ Nurana will sich auf der Hochzeitsmesse mit Lisa unterhalten.

2 Lesen Sie die beiden E-Mails noch einmal und ergänzen Sie die Tabelle. → AB

	●	●	●	●
Nominativ Das ist/sind …	…………	mein Profil	meine Homepage	…………
Akkusativ Da siehst du …	meinen Freund	mein Profil	meine Homepage	meine Freunde
Dativ (mit / von / auf …)	meinem Freund	…………	…………	meinen Freunden

Ebenso: *du → dein, er / es → sein, sie → ihr, wir → unser, ihr → euer, sie / Sie → ihr / Ihr*
⚠ ● euer Freund, aber: euren Freund, ● eure Homepage

Tipp: *Mein-, dein-,* etc. haben dieselben Endungen wie *kein-*.

A sich auf einer Homepage informieren

A1 | a **Sehen Sie sich die Homepage von Nurana Gulpa an. Vergleichen Sie die Angebote. Was ist gleich? Markieren Sie.** → AB

1 Basispaket

LEISTUNGEN

An-/Abfahrt: bis zu 50 km
Anzahl der Locations: 2 (Ort der Trauung und Ort der Feier)
Stundenzahl: 2 Std. vor Ort
Bearbeitung der Bilder: 3 Std.
Umfang: 40 bis 50 Bilder

2 Basispaket plus

LEISTUNGEN

An-/Abfahrt: bis zu 50 km
Anzahl der Locations: 3 (im Park, Trauung, Feier)
Stundenzahl: 3 Std. vor Ort
Bearbeitung der Bilder: 4 Std.
Umfang:
- 60 bis 70 Bilder
- Einladungs- und Dankeskarten

3 Rundum-sorglos-Paket

LEISTUNGEN

An-/Abfahrt: bis zu 50 km
Anzahl der Locations: 4 (zu Hause, im Park, Trauung, Feier)
Stundenzahl: 4 Std. vor Ort
Bearbeitung der Bilder und des Videos: 5 Std.
Umfang:
- Einladungs- und Dankeskarten
- ca. 80 Bilder
- Video von der Hochzeit
- Aufnahmen mit einer Drohne
- digitales Fotoalbum

Die hochwertigen Fotos und Videos stehen 2 Tage nach der Feier zum Download bereit. Bei dem **Basispaket** und dem **Basispaket plus** können gegen Aufpreis Aufnahmen mit einer Drohne gebucht werden.

b **Welches Paket bietet das? Kreuzen Sie an. Manchmal gibt es mehrere Antworten.**

	Paket 1	Paket 2	Paket 3
1 Das Hochzeitspaar wird auch zu Hause aufgenommen.	○	○	☒
2 Das Paar wird im Park fotografiert.	○	○	○
3 Aufnahmen mit einer Drohne sind inklusive.	○	○	○
4 Es wird ein Video von der Hochzeit gedreht.	○	○	○
5 Das Paket umfasst mehr als 60 Bilder.	○	○	○
6 Die Gäste bekommen Einladungs- und Dankeskarten.	○	○	○

c **Stellen Sie sich vor, dass Sie heiraten. Welches Paket wählen Sie? Warum?**

Ich wähle das Basispaket. Ich möchte eine kleine Hochzeit. Da sind 40–50 Bilder genug. Die Gäste machen ja auch Fotos mit ihren Handys.

B eine Präsentation machen und ein Angebot schreiben

B1 | a **Hören Sie den ersten Teil der Präsentation von Nurana Gulpa und ergänzen Sie.** → AB

129

Alternativen · Angebot · Beispiele · Besprechung · Hochzeitspakete · Kontakt · ~~Präsentation~~ · Preise · Profil

STARTSEITE | VIDEO: Mein Profil | PAKETE HOCHZEIT | PREISE | KONTAKT

Gliederung der *Präsentation*

1 Einleitung
– mein ________ als Fotografin

2 Hauptteil
I Kurzpräsentation der ________
II ________ der Pakete,
Juli: besonderes ________
III ________ zu den Paketen: flexible Preise
IV einige ________

3 Schluss
– ________
– ________ der weiteren Schritte

b **Lesen Sie die Redemittel. Hören Sie nun die ganze Präsentation. Welche Redemittel hören Sie? Kreuzen Sie an.**

130

Einleitung
- ○ *Mein Name ist ...*
- ○ *Ich freue mich, dass ich ... präsentieren darf.*
- ☒ *Ich möchte Ihnen / euch ... präsentieren / vorstellen.*

Gliederung / Hauptteil
- ○ *Zuerst spreche ich über ...*
- ○ *Dann folgt ...*
- ○ *Dann geht es um ...*
- ○ *Danach präsentiere ich Ihnen / euch ...*
- ○ *Als Nächstes möchte ich Ihnen / euch ... vorstellen / zeigen.*
- ○ *Besonders wichtig ist / sind mir ...*
- ○ *Und natürlich gehören auch ... dazu.*
- ○ *Hier auf der Folie ... sehen Sie / seht ihr ...*
- ○ *Und zum Schluss möchte ich ...*

Schluss
- ○ *Wenn Sie / ihr noch Fragen haben / habt, dann nehmen Sie / nehmt gern / bitte Kontakt mit mir auf.*
- ○ *Vielen Dank für Ihre / eure Aufmerksamkeit.*

c **Hören Sie die Sätze aus der Präsentation und ergänzen Sie im Grammatikkasten.**

131

Sie bekommen einen Rabatt von 20 %, *wenn* Sie mich im Juli *buchen* .
________ Sie noch Fragen ________, (dann) nehmen Sie bitte Kontakt mit mir auf.

Tipp: *Dann* ist optional.

d **Sortieren Sie und schreiben Sie die Sätze mit *wenn*. Schreiben Sie die Verben in der richtigen Form.**

1 mein / , / nicht / heiraten / Freund / Wenn / wollen /, // bekommen / er / dann / Probleme/ . 😉
2 ich / , / mal / Wenn / heiraten // ich / . / Feier / haben / eine / wollen / große
3 ich / buchen / Hochzeitsfotografin / Wenn / eine /, // sie / professionell / . / sein / sollen

1. Wenn mein Freund nicht heiraten will, dann bekommt er Probleme. 😉

e **Erstellen Sie eine kleine Präsentation zu einem Produkt, einem Service oder über ein Team.**

B2 | a **Hören Sie das Telefongespräch mit einer Kundin. Ergänzen Sie das Formular für Nurana Gulpa.** → AB

🔊 132

Name: *Lisa Preußler*	Termin der Hochzeit:
Adresse: *Berliner Str. 3, 35134 Neufeld*	Art des Pakets:
Telefonnummer:	Zusatzleistung:
E-Mail: *lisa.preussler@gnx.de*	Rabatt:

b **Lesen Sie das Angebot. Ergänzen Sie die Informationen aus a.**

Von: gulpa@xmail.com
An: lisa.preussler@gnx.de
Betreff: Angebot für Ihre Hochzeit

Fotografie NURANA GULPA Frankfurter Str.17 35135 Neufeld E-Mail: gulpa@xmail.com

....
Berliner Str. 3
....
E-Mail: ....

Neufeld, 2.3.XX

Angebot für Ihre Hochzeit am ....

Liebe Frau Preußler,
vielen Dank für das nette Gespräch am Telefon. Wie besprochen schicke ich Ihnen mein Angebot.

• Paket:	
• .... Rabatt auf das Paket im Monat	640 Euro
• Zusatzleistung: .... mit Drohne, Spezialpreis	...... Euro
	790 Euro
+ 19 % Mehrwertsteuer	150 Euro
Gesamtbetrag	**940 Euro**

Wenn Sie noch Fragen haben, melden Sie sich gern bei mir. Geben Sie mir bitte in den nächsten zwei Wochen Bescheid, ob Sie das Angebot annehmen.

Viele Grüße
Nurana Gulpa

c **Schreiben Sie für Ihre Firma / Ihren Beruf ein Angebot.**

Extra

Tipps für eine gute Präsentation

1 a Lesen Sie das Forum: „Wie präsentiere ich richtig?" Markieren Sie die Tipps im Text wie im Beispiel. → AB

Anni_000	Hallo zusammen, ich soll vor meinem Team Vorschläge für ein Sommerfest im Kindergarten präsentieren. Die Präsentation ist fast fertig. Worauf muss ich achten? Was ist noch wichtig? Kann mir jemand Tipps geben?
DimitriL	Hi Anni, ich finde es wichtig, dass du auf deinen Folien auch passende Bilder oder Fotos zeigst. Das macht die Präsentation viel schöner.
KickerLeo	Ja, ... auch interessanter. Und bitte nicht so viel Text! Deine Kollegen und Kolleginnen wollen dir ja zuhören und nicht einen langen Text lesen.
DimitriL	Was auch wichtig ist: Sprich laut und deutlich! Die Zuhörer*innen wollen dich ja hören. 😉
KickerLeo	Ja, das ist ein wertvoller Tipp. Ich empfehle dir: Schau deine Zuhörerinnen und Zuhörer immer an, wenn du sprichst. Das wirkt sehr überzeugend.

b Eine Freundin / ein Freund von Ihnen muss eine Präsentation machen. Sie / Er ist sehr nervös und unsicher. Geben Sie die Tipps aus dem Forum an sie / ihn weiter.

Hallo, du musst doch bald eine Präsentation machen. Ich habe in einem Forum gute Tipps gelesen. Dort steht: Man soll ...

Aussprache

f, *v* und *w*

1 a Ergänzen Sie *f*, *v* oder *w*. Suchen Sie dann die Wörter in Extra 1 a und vergleichen Sie. → AB

1 ...olien 3 ...ertig 5 ...orschläge 7 ...ertvoll
2 ...ichtig 4 ...iel 6 ...ollen 8 ...ast

b Hören Sie und sprechen Sie nach.
133

2 In welchen Wörtern wird *v* wie *f* gesprochen? Kreuzen Sie an. Hören Sie zur Kontrolle. → AB
134

1 ☒ Verantwortliche 4 ○ Volleyball
2 ○ Video 5 ○ Vorteil
3 ○ Vorgesetzte 6 ○ Verein

Tipp: *v* spricht man in deutschen Wörtern wie *f* aus, z. B. bei Wörtern mit *ver-* und *vor-* *(Vorschläge, Verantwortliche)*. In internationalen Wörtern wird *v* wie *w* ausgesprochen *(Video, Volleyball)*.

3 Wo sprechen Sie *w*? Markieren Sie.
135 Hören Sie dann zur Kontrolle und lesen Sie den Text laut. → AB

Ich will euch heute meine Arbeit als Volleyball-Trainer vorstellen.
Zuerst spreche ich über den Trainingsplan: Wie oft muss man in der Woche trainieren? Und wie lange?
Dann zeige ich euch ein paar Folien mit Fotos von den Spielen und Festen im Verein.
Und zum Schluss möchte ich euch ein kurzes Video vom Turnier letztes Wochenende zeigen. Dann könnt ihr sehen: Alle Spieler hatten viel Spaß!

Kommunikation & Grammatik

10 K&G

eine Präsentation machen 136

Einleitung

Mein Name ist …
Ich freue mich, dass ich … präsentieren darf.
Ich möchte Ihnen / euch … präsentieren / vorstellen.

Gliederung / Hauptteil

Zuerst spreche ich über …
Dann folgt … / Dann geht es um …
Danach präsentiere ich Ihnen / euch …
Als Nächstes möchte ich Ihnen / euch … vorstellen / zeigen.
Besonders wichtig ist / sind mir …
Und natürlich gehören auch … dazu.
Hier auf Folie … sehen Sie / seht ihr …
Und zum Schluss möchte ich …

Schluss

Wenn Sie / ihr noch Fragen haben / habt, dann nehmen Sie / nehmt gern / bitte Kontakt mit mir auf.
Vielen Dank für Ihre / eure Aufmerksamkeit.

Wählen Sie Sätze aus, die Sie gut finden und lernen Sie sie auswendig. Dann haben Sie keine Probleme, wenn Sie eine Präsentation machen müssen.

Ich möchte Ihnen … präsentieren.

Possessivartikel 137–138

	Singular			**Plural**
	●	●	●	●
Nominativ	mein Freund	mein Profil	meine Homepage	meine Freunde
Akkusativ Da siehst du …	meinen Freund	mein Profil	meine Homepage	meine Freunde
Dativ (mit / von / auf …)	meinem Freund	meinem Profil	meiner Homepage	meinen Freunden

Ebenso: *du → dein, er / es → sein, sie → ihr, wir → unser, ihr → euer, sie / Sie → ihr / Ihr*

⚠ ● euer Freund, aber: euren Freund, ● eure Homepage

Mein-, *dein-*, etc. haben dieselben Endungen wie *kein-*.

WDH Verben mit Akk.: *haben, mögen, sehen, heiraten, besuchen, anrufen, vergessen, suchen, …*

Verben mit Dat.: *antworten, danken, helfen, gefallen, gehören, passen, …*

Schreiben Sie drei Sätze mit den Possessivartikeln links. Die Endung des Artikels ist eine Lücke. Eine andere Person ergänzt.

Mir gefällt dein__ Aussprache.

Nebensätze mit *wenn* 139–140

Sie bekommen einen Rabatt von 20 %, wenn Sie mich im Juli buchen.
Wenn Sie noch Fragen haben, (dann) nehmen Sie bitte Kontakt mit mir auf.

Tipp: Nebensätze mit *wenn* können vor oder nach dem Hauptsatz stehen. *Dann* ist optional.

Schreiben Sie die Sätze zu Ende:

Wenn ich mit meiner Ausbildung fertig bin, dann …

Wenn ich die Prüfung bestanden habe, …

11

Ha-Joon Kim berät Kundinnen und Kunden

Hi Ha-Joon,
leider ist Katrin heute krank. Kannst du ihr Beratungsgespräch machen? Die Kunden sind Frau und Herr Wolkow. Sie möchten einen Kleiderschrank. Sie sind ein bisschen anspruchsvoll, also bereite das Gespräch bitte gut vor. Du findest den Namen „Wolkow" im System. Katrin hat schon öfter mit ihnen gearbeitet. Bitte gib mir kurz Bescheid.
Viele Grüße
Ismael

1 **Was soll Ha-Joon machen? Lesen Sie die E-Mail und sprechen Sie.** → AB

2 | a **Lesen Sie und ergänzen Sie die Wörter mit Artikel.** → AB

● ~~Element~~ ● Fach ● Holzboden ● Kleiderstange ● ~~Mini-Regal~~ ● Schublade

1 *das Element* ....

2 ....

3 *das Mini-Regal* ....

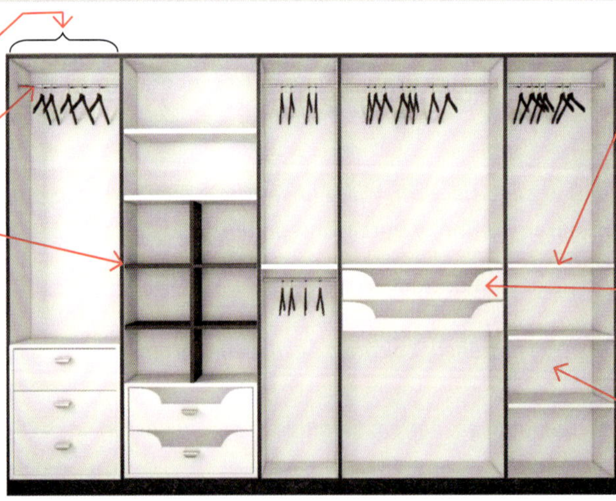

4 ....

5 ....

6 ....

Abmessungen:
Höhe: 2 m
Breite: 2,30 m
Tiefe: 0,58 m

- ▶ **Element 1:** oben Kleiderstange, unten drei Schubladen
- ▶ **Element 2:** oben zwei Fächer (Holzboden), Mini-Regal, unten zwei Schubladen
- ▶ **Element 3:** 2 Kleiderstangen (oben und Mitte)
- ▶ **Element 4:** oben Kleiderstange, Mitte Boden, darunter zwei flache Schubladen
- ▶ **Element 5:** oben Kleiderstange, unten drei Fächer (Holzboden)
- ▶ **Front:** Türen AUSWÄHLEN Griffe AUSWÄHLEN

b **Sehen Sie den Punkt *Front* an. Was muss Ha-Joon mit den Wolkows noch planen? Sprechen Sie.**

A ein Beratungsgespräch führen

A1 Lesen Sie die Fragen und sprechen Sie. Vergleichen Sie dann im Kurs.

1 Haben Sie schon Kunden beraten? Machen Sie das gern? Warum (nicht)?
2 Wie kann man sich auf ein Beratungsgespräch vorbereiten?

A2 | a Ha-Joon berät die Wolkows. Was ist richtig? Hören Sie und kreuzen Sie an. → AB

141 Sie sprechen über
1 ○ die Vorteile des Schranks.
2 ○ die Wahl einer Tür.
3 ○ das Holz der Schranktüren.
4 ○ die Griffe und ihre Lackierung.

b Was ist richtig? Hören Sie noch einmal und kreuzen Sie an.

141 1 Der Pluspunkt einer Glastür ist, dass
ⓐ der Schrank etwas massiver wirkt.
ⓑ kein Staub ins Regal kommt.

2 Viele Leute wählen Griffe ohne Lackierung
ⓐ wegen des modernen Aussehens.
ⓑ , weil sie einen alten Look schön finden.

● der Pluspunkt		● eines / des Schranks
● das Material		● eines / des Regals
● die Wahl	+ Genitiv	● einer / der Tür
● die Vorteile		● der Türen
wegen		

Tipp:
die Vorteile des Schranks (Genitiv: oft schriftlich) = *die Vorteile von dem / vom Schrank* (mit *von*: oft mündlich)

A3 Wer sagt das: die / der Beratende (B) oder die Kundin / der Kunde (K)? Ergänzen Sie. Manchmal gibt es mehrere Lösungen. → AB

1 Welche Angebote hätten Sie für uns? K
2 Für die Elemente 1, 3, 4 und 5 könnten wir Ihnen folgendes Angebot machen: ......
3 Was würden Sie denn empfehlen? ......
4 Ich würde Ihnen eine Glastür empfehlen. ......
5 Das wäre wirklich toll! ......
6 Ich hätte das Mini-Regal gern ohne Tür. ......
7 Der große Pluspunkt einer Glastür ist, dass kein Staub ins Regal kommt. ......
8 Das könnte ich mir auch gut vorstellen. ......
9 Am schönsten finde ich diese Griffe. ......
10 Ich denke, Sie sollten unlackierte Griffe nehmen. ......
11 Das ist dann genau das Richtige für Sie. ......
12 Wie viel würde das kosten? ......
13 Der Preis für die Griffe mit Lackierung wäre bei 60 Euro. ......
14 Ich könnte Ihnen auch ein Angebot machen. ......
15 Was halten Sie davon? ......

A4 Spielen Sie ein Beratungsgespräch. Person 1 arbeitet auf Seite 79, Person 2 auf Seite 80. → AB

A5 Worauf sollte man in einem Beratungsgespräch achten? Sammeln Sie.

freundlich sein | gut erklären

B sich im Team absprechen

B1 | a Hören Sie das Teamgespräch. Welche Probleme gibt es? Kreuzen Sie an. → AB

🔊 142
1 ○ Es gibt den Schrank nicht mehr in Hartholz.
2 ○ Die Lieferzeit für die Griffe ist sehr lang.
3 ○ Ha-Joon Kim hat den Aufbauservice nicht angeboten.
4 ○ Die Telefonnummer der Wolkows ist nicht im System.

b Hören Sie Teil 2 des Gesprächs noch einmal und ergänzen Sie Ha-Joons Notizen.

🔊 143
absprechen | anbieten | anrufen | ~~vereinbaren~~ | verschieben

Ehepaar Wolkow – Aufgaben
Wolkows _____ (1): → Liefertermin _____ (2)
→ Aufbauservice _____ (3)
→ Termin mit Wolkows *vereinbaren* (4)
→ Termine mit Aufbauservice _____ (5)

B2 | a Sehen Sie die Bilder an und lesen Sie die Aussagen. Was passt? Ordnen Sie zu. → AB

A

B

1 Der Schrank ist grün. Trotzdem finde ich ihn sehr schön. _____
2 Der Schrank ist grün. Deshalb finde ich ihn überhaupt nicht schön. _____

b Was passt? Ergänzen Sie *deshalb* oder *trotzdem*.

1 **a** Der Schrank gefällt mir. *Deshalb* nehme ich ihn.
b Der Schrank gefällt mir. _____ möchte ich die anderen Schränke sehen.
2 **a** Ha-Joon hat vergessen, den Service anzubieten. _____ ist sein Chef nicht sauer.
b Ha-Joon hat vergessen, den Service anzubieten. _____ hat er sich entschuldigt.
3 **a** Eine Glastür ist praktisch. _____ möchten wir ein offenes Regal.
b Eine Glastür ist praktisch. _____ möchten wir eine bestellen.

B3 Kettenspiel: Bilden Sie Sätze mit *trotzdem*. → AB

Tipp: Der Satz mit *trotzdem* ist ein Hauptsatz. *Trotzdem* kann vor oder nach dem Verb stehen:
Ich bin müde. Trotzdem gehe ich spät ins Bett. / Ich gehe trotzdem spät ins Bett.

B4 | a Katrin ist zurück. Was sollen die Leute im Team heute machen? Richtig oder falsch? Hören Sie und kreuzen Sie an. → AB

144

	richtig	falsch
1 neue Schränke für den Laden bestellen	○	☒
2 zusammen den Schrank für die Wolkows organisieren	○	○
3 neue Betten für das Hotel Central bestellen	○	○
4 die Küchen im Laden anders hinstellen	○	○
5 moderne Küchenmodelle auswählen und bestellen	○	○

b Hören Sie noch einmal und machen Sie Notizen zu den Aufgaben der Personen (Ha-Joon, Katrin und Malaika).

144

Aufgaben Ha-Joon	
Schrank	Katrin alle Informationen geben

c Hören Sie noch einmal, vergleichen Sie und ergänzen Sie Ihre Notizen.

144

B5 Was sagt der Chef? Lesen Sie und ordnen Sie zu. → AB

A Katrin und Ha-Joon, bitte unterstützt **einander**.

B Bitte gebt **einander** alle wichtigen Informationen.

1 Katrin soll Ha-Joon unterstützen und Ha-Joon soll Katrin unterstützen. ____

2 Ha-Joon soll Katrin alle wichtigen Informationen geben und Katrin soll Ha-Joon alle wichtigen Informationen geben. ____

B6 Sich im Team absprechen: Jede/r notiert, welche Aufgaben sie / er hat. → AB

1. Schritt: *Bilden Sie Gruppen. Es gibt eine/n Teamleiter/in und drei Mitarbeiter/innen.*

2. Schritt: *Die Teamleitung fragt: Wer übernimmt welche Aufgabe? Die Mitarbeiter/innen nehmen die Aufgaben an, lehnen sie ab oder bieten an, eine Aufgabe zu übernehmen.*

Heute bei unserem Kunden Herrn Wagner anrufen.

Nachsehen: Ist der Katalog schon angekommen?

Bei unserem Lieferanten anrufen: Wann kommen die Metallgriffe Modell X300?

Bei Lieferanten nachfragen: Wie lange ist die Lieferzeit für das Miniregal in Weiß?

fragen, wer eine Aufgabe übernimmt
Ich möchte mit euch die Planung von heute besprechen.
Ich habe noch eine Aufgabe: ... Wer kann das machen? ..., du vielleicht?
Wer könnte ... übernehmen?
Ich weiß, du hast viel zu tun. Trotzdem ...

Aufgaben annehmen
Ja klar, / Kein Problem, das mache ich gern.
Das kann ich gern machen.
In Ordnung. / Alles klar.

Aufgaben ablehnen
Tut mir leid, ich habe keine Zeit.
Könnte das jemand anders übernehmen?

anbieten, eine Aufgabe zu übernehmen
Ich könnte ... übernehmen. In Ordnung?
Dann mach ich ..., okay?

Extra

Positive Sprache verwenden

1 **Lesen Sie den Online-Artikel. Was ist das Thema? Kreuzen Sie an.** → AB

ⓐ Fehler beim Kommunizieren ⓑ der Einfluss von Sprache auf die Gefühle

DIE KRAFT DER POSITIVEN SPRACHE

Kennen Sie das? Sie haben so viel Arbeit, dass Sie ein paar Aufgaben nicht pünktlich schaffen. Wie kommunizieren Sie es der Chefin oder dem Kunden? Vermutlich sagen Sie Sätze wie z. B. „Es tut mir leid, das war mein Fehler." Oder: „Ich dachte, dass ich es schaffen kann. Aber ich brauche mehr Zeit." Vielleicht sagen Sie sogar: „Ich muss einfach schneller arbeiten." Solche oder so ähnliche Formulierungen verwenden viele Menschen. Und sie fühlen sich nicht gut dabei, denn durch die Wahl der Wörter haben sie negative Gedanken und Gefühle. Wissenschaftler:innen haben herausgefunden: Sprache beeinflusst stark unser Denken und unsere Emotionen.

Wenn wir aber durch Sprache negative Gefühle bekommen können, dann ist natürlich auch das Gegenteil möglich: Durch eine positive Sprache können wir unser Denken und Fühlen positiv beeinflussen und selbstbewusst kommunizieren. Sprechen Sie nicht von *Fehlern*, sondern sagen Sie, was Ihnen *fehlt*: „Mir fehlten die aktuellen Preise." Verwenden Sie *wollen* statt *müssen*: „Ich will schneller arbeiten." Und sagen Sie nicht *aber*, sondern ganz einfach: „Ich brauche mehr Zeit."

Probieren Sie es aus und Sie werden sehen: Sie fühlen sich besser und auch Ihre Kommunikationspartner werden Ihnen mehr zutrauen. Auf diese Weise macht auch die Arbeit mehr Spaß.

2 **Welche Wörter verwenden Sie bei der Arbeit? Überlegen Sie: Können Sie negative Wörter und Ausdrücke ersetzen? Machen Sie eine Liste und üben Sie „positive Sprache".**

Aussprache

Mit positiven Emotionen sprechen

1 a **Hören Sie. Wo ist die Betonung? Markieren Sie.**

145
1 Eine Glastür! Das ist eine tolle Idee!
2 Ein großer Pluspunkt ist, dass kein Staub in das Regal kommt.
3 Das Gute ist: Durch die Glastür sieht man die Sachen, aber sie werden nicht staubig.
4 Natürlich: Ein offenes Regal hat auch Vorteile.
5 Oh, diese Griffe sind wunderschön! Sie passen ganz toll zu unseren Möbeln.
6 Da haben Sie wirklich die schönste Form ausgesucht. Diese Griffe sind sehr beliebt.
7 Das ist dann genau das Richtige für Sie.

b **Hören Sie noch einmal. Kontrollieren Sie und sprechen Sie dann nach.**

145

2 **Spielen Sie ein Beratungsgespräch in einem Möbelgeschäft oder in Ihrer Firma / Ihrem Beruf. Präsentieren Sie Produkte und äußern Sie Begeisterung. Sprechen Sie mit Gefühl und Betonung.**

Hier haben wir ein sehr gemütliches Sofa.

Oh! Was für ein schönes Sofa!

Kommunikation & Grammatik

11 K&G

Kundinnen und Kunden beraten 146

Für ... könnten wir Ihnen folgendes Angebot machen: ...
Ich könnte Ihnen auch ein Angebot machen.
Ich würde Ihnen ... empfehlen.
Der große Pluspunkt eines / einer / von ... ist, dass ...
Ich denke, Sie sollten ... nehmen.
Der Preis für ... wäre bei ... Euro / ...
Was halten Sie davon?
Das ist dann genau das Richtige für Sie.

Spielen Sie ein Beratungsgespräch in einem Autohaus / Schuhgeschäft / ...

Guten Tag! Mein Name ist Igor Dadakov.

---

sich im Team absprechen 147–149

fragen, wer eine Aufgabe übernimmt
Ich möchte mit euch die Planung von heute besprechen.
Ich habe noch eine Aufgabe: ... Wer kann das machen? ..., du vielleicht?
Wer könnte ... übernehmen?
Ich weiß, du hast viel zu tun. Trotzdem ...

Aufgaben annehmen
Ja klar, / Kein Problem, das mache ich gern.
Das kann ich gern machen.
In Ordnung. / Alles klar.

Aufgaben ablehnen
Tut mir leid, ich habe keine Zeit. Könnte das jemand anders übernehmen?

anbieten, eine Aufgabe zu übernehmen
Ich könnte ... übernehmen. In Ordnung?
Dann mach ich ..., okay?

Fragen Sie, wer welche Aufgabe übernimmt.

Ich habe noch eine Aufgabe: Wir müssen das Lager aufräumen. Wer ...?

Nehmen Sie Aufgaben an. / Lehnen Sie Aufgaben ab.

Kein Problem, ...

Genitiv 150

● der Pluspunkt ● das Material ● die Wahl ● die Vorteile *wegen*	+ Genitiv	● eines / des Schranks ● eines / des Regals ● einer / der Tür ● der Türen

Firmenquiz

Wer ist die Chefin deines Chefs?

Frau Speer. Wie heißen die Mitarbeitenden des Marketingteams?

Hauptsätze mit *trotzdem* 151

Es ist jetzt etwas stressig.
Trotzdem bleiben wir ruhig!

Man soll nicht anrufen.
Ich rufe trotzdem einmal an und frage nach.

Sagen Sie einen Satz. Reagieren Sie mit *trotzdem*.

Morgen ist unsere Prüfung.

Trotzdem lerne ich heute nicht.

Das reziproke Pronomen *einander* 152

Kathrin und Ha-Joon, bitte unterstützt einander.

auch so: miteinander – *Wir sprechen miteinander.*
füreinander – *Wir sind füreinander da.*

Zu zweit: Schreiben Sie Sätze mit *einander*, *miteinander* und *füreinander*.

Wir erklären einander die Grammatik.

Aktionsseiten

Aktion

Lektion 2, Aufgabe B5 (S. 15)

B5 | a **Einen Arbeitsraum aufräumen. Wo sind die Gegenstände? Ergänzen Sie die Nummer.**

...... ● der Behälter	...... ● der Container	...... ● die Dosen
...... ● die Glasflasche	...... ● die Handschuhe	...... ● der Kasten
...... ● die PET-Flasche	...... ● das Regal	2 ● der Rückgabeautomat
...... ● der Tisch		

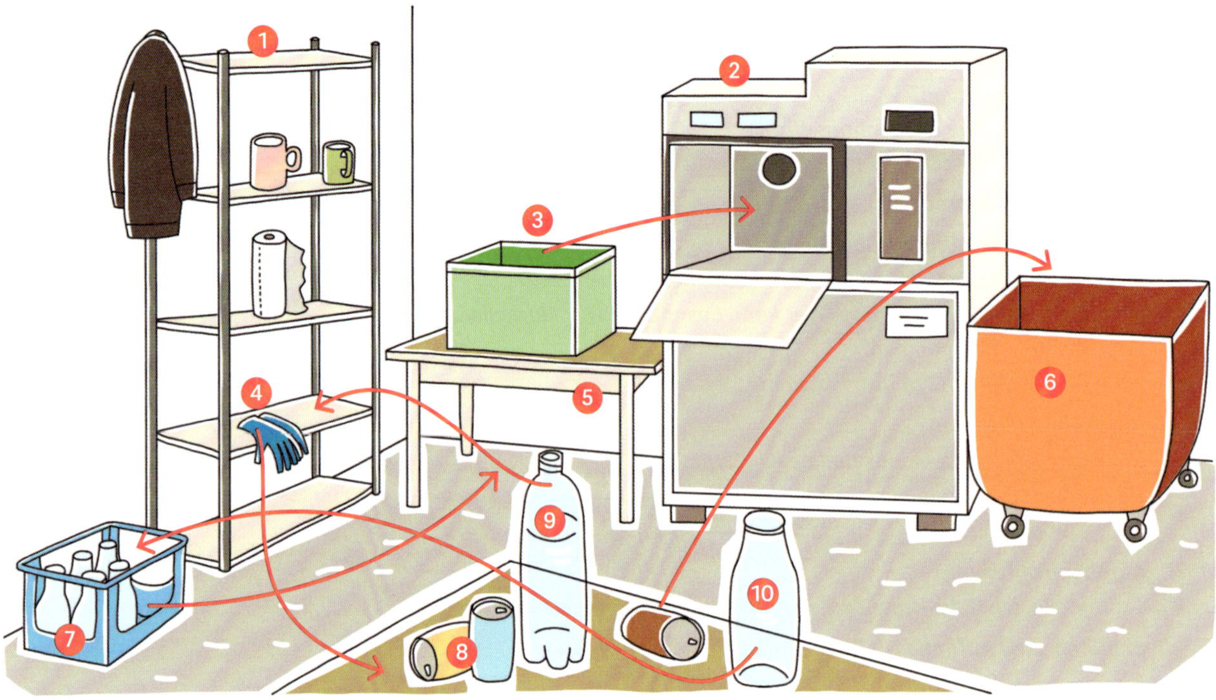

b **Zu zweit: Wo stellen / legen wir was hin? Sehen Sie sich das Bild an. Schreiben Sie dann Dialoge wie im Beispiel und sprechen Sie.**

der Behälter – stellen | die Glasflasche – stellen | die Handschuhe – legen

die Dosen – legen | der Kasten – stellen | die PET-Flasche – stellen

1 ◆ Wo stellen wir den Behälter hin?
○ Stell ihn am besten **in den** Rückgabeautomaten.
◆ Alles klar! Jetzt steht er **im** Rückgabeautomaten.

2 ○ Wo legen wir die Handschuhe hin?
◆ Leg sie am besten **auf den** Tisch.
○ Alles klar! Jetzt liegen sie **auf dem** Tisch.

3 ◆ Wo stellen wir die Glasflasche hin?
○ ...

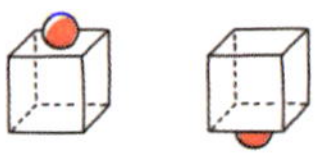

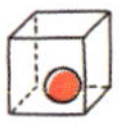

Lektion 3, Aufgabe B4 (S. 20)

Person 2: (Person 1 → Seite 78)

B4 | a **Sie arbeiten in einer Reinigungsfirma. Welche Aufgaben werden an welchem Tag gemacht? Lesen Sie die Liste und schreiben Sie Sätze wie im Beispiel.**

Montag	P...
Dienstag	● Kaffeemaschine reinigen
Mittwoch	
Donnerstag	● Mülltonne an die Straße stellen
Freitag	
Samstag	● Oberflächen abwischen
Sonntag	

Am Dienstag wird die Kaffeemaschine gereinigt.
Am Donnerstag wird ...

Tipp: reinigen – gereinigt
stellen – gestellt
⚠ abwischen – abgewischt
⚠ gießen – gegossen
wischen – gewischt

b **Zu zweit: Sie besprechen mit Ihrer Kollegin / Ihrem Kollegen die Aufgaben der Woche. Stellen Sie Fragen wie im Beispiel und ergänzen Sie die Liste in a. Antworten Sie auf die Fragen Ihrer Kollegin / Ihres Kollegen mit den Sätzen aus a.**

◆ Was wird am Montag gemacht?
○ Am Montag werden die Pflanzen gegossen. Was wird am Dienstag gemacht?
◆ Am Dienstag wird die Kaffeemaschine gereinigt. Was wird am ...?

Lektion 7, Aufgabe A2 (S. 43)

Person 1: (Person 2 → Seite 78)

A2 **Zu zweit: Sie möchten einen Bestell- und einen Lieferschein abgleichen. Person 1 liest den Bestellschein. Person 2 vergleicht mit dem Lieferschein. Sprechen Sie wie im Beispiel.**

Bestellschein		
Artikel	**Bezeichnung**	**Stück**
1. ● Kunstnägel	französisch	1 Paket à 500
2. ● Tischlampe	weiß	1
3. ● Arbeitsstuhl	grau	1
4. ● Nagellack	rot	1
5. ● Desinfektionsmittel	alkoholfrei	1
6. ● Nagelpinsel	fein	1 Paket à 100

◆ Hier stehen französische Kunstnägel.
○ Hier stehen auch französische Kunstnägel.
◆ Hier steht eine weiße Tischlampe.
○ Oh. Hier steht keine weiße Tischlampe.
Hier steht eine silberne Tischlampe.

Tipp:
Hier steht ● ein / kein [weiß]er ...
● ein / kein [weiß]es ...
● eine / keine [weiß]e ...
Hier stehen ● – [weiß]e / keine [weiß]en ...

Lektion 4, Aufgabe A3 (S. 25)

Aktion

A3 | a Zu zweit: Sie möchten den Dienst tauschen. Lesen Sie den Dialog vor. Variieren Sie dann den Dialog. Tauschen Sie die Rollen.

~~einen Arzttermin haben~~ | zum Computerkurs gehen | beim Elternabend sein | einen Friseurtermin haben | eine Weiterbildung haben | ...

- ◆ Kannst du am Montag mit mir die Schicht tauschen? Ich habe einen Arzttermin.
- ○ Am Montag? Ja, das geht.
- ◆ Oh super, vielen Dank! Ich sage der Chefin Bescheid.

b Zu zweit: Sie können nicht tauschen. Lesen Sie den Dialog vor. Variieren Sie dann den Dialog. Tauschen Sie die Rollen.

Chorprobe haben | eine Familienfeier haben | Freunde treffen | ins Kino gehen | ~~in ein Konzert gehen~~ | ...

- ◆ Kannst du am Dienstag mit mir die Schicht tauschen? Ich habe einen wichtigen Termin.
- ○ Am Dienstag? Das geht leider nicht. Da gehe ich in ein Konzert.
- ◆ Ach so, kein Problem. Dann frage ich jemand anderen.

c Person 1 möchte die Schicht tauschen. Person 2 würfelt. Bei 1, 3, 5 kann sie tauschen, bei 2, 4, 6 kann sie nicht tauschen. Sprechen Sie Dialoge wie in a und b. Tauschen Sie die Rollen.

- ◆ Kannst du mit mir am Dienstag die Schicht tauschen? Ich habe einen wichtigen Termin.
- ○ Am Dienstag? Ja, das geht.
- ◆ Oh super, vielen Dank! Ich sage der Chefin Bescheid.

- ○ Am Dienstag? Das geht leider nicht. Da habe ich Fußballtraining.
- ◆ Ach so, kein Problem. Dann frage ich jemand anderen.

Lektion 6, Aufgabe B4 (S. 38)

B4 | a Vergleichen Sie beide Skizzen und machen Sie Notizen. Schreiben Sie noch mindestens 5 Sätze.

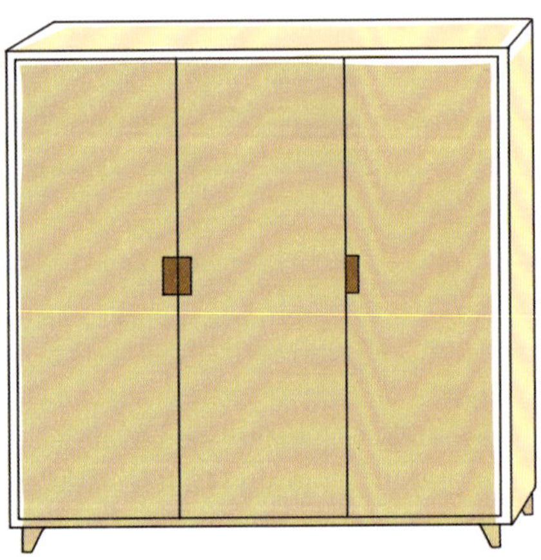

Schrank 1

B 150 cm x H 200 cm x T 60 cm
Kiefernholz, weich und leicht
Preis: 449 €

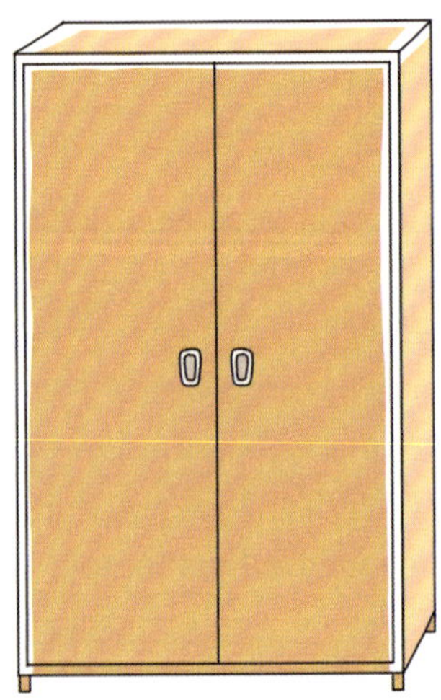

Schrank 2

B 80 cm x H 220 cm x T 60 cm
Buchenholz, schwer und hart
Preis: 499 €

Schränke vergleichen:

breiter als / genauso breit wie | hat mehr Türen als / hat genauso viele Türen wie
höher als / genauso hoch wie | teurer als / genauso teuer wie | tiefer als / genauso tief wie

Holz vergleichen:

härter als / genauso hart wie | schwerer als / genauso schwer wie

1 *Schrank 1 ist breiter als Schrank 2.*
2 ....
3 ....
4 ....
5 ....
6 *Buchenholz ist schwerer als Kiefernholz.*
7 ....

b Ergänzen Sie den Dialog mit Sätzen und Informationen aus a. Hören Sie zur Kontrolle.

088

◆ Ich schlage Ihnen diese zwei Skizzen vor.
○ Oh, die sind schön. Aber die haben ganz verschiedene Maße, oder?
◆ Ja, Schrank 1 ist 150 cm breit. Er ist *breiter als Schrank 2*. Auch die Höhe ist verschieden.
Schrank 2 ist ....
Die Tiefe ist bei beiden Schränken gleich: Schrank 1 ist ....
Aber: .... hat mehr Türen als ....
○ Hmm ... Und welcher Schrank ist teurer?
◆ ....
○ Dann hätte ich noch eine Frage: Welches Holz würden Sie empfehlen?
◆ Ich empfehle Ihnen Buchenholz. Das hat folgende Vorteile: Buchenholz ist ....
und .... als Kiefernholz. Der Schrank geht dann nicht so schnell kaputt.
○ Vielen Dank! Ich denke, dann nehme ich Schrank 2. Den finde ich am schönsten.

c Sprechen Sie den Dialog. Tauschen Sie die Rollen.

d Machen Sie zwei Skizzen von einem Möbelstück wie im Beispiel. Schreiben Sie auch die Maße auf.

Nachttisch 1

Kiefernholz, Preis 160 €
B 45 cm x H 50 cm x T 35 cm

Nachttisch 2

Buchenholz, Preis 110 €
B 45 cm x H 45 cm x T 30 cm

e Stellen Sie die Skizzen vor. Formulieren Sie Vergleiche.

Lektion 5, Aufgabe B4 (S. 32)

Aktion

B4 Zu viert: Würfeln Sie und gehen Sie die Anzahl der Felder. Ergänzen Sie das Adjektiv auf dem Feld. Sie sind auf einem Feld mit einer Leiter: Gehen Sie die Leiter hoch oder runter.

Der Verkäufer berät den neu___ Kunden. **21**	In dem leer___ Raum stehen keine Betten. **22**	Murali mag die angenehm___ Arbeitsatmosphäre in seinem Team. **23**	Die Mitarbeiterin füllt das gelb___ Formular aus. **24**	ZIEL  **25**
Ganz oben auf dem Lebenslauf stehen die persönlich___ Angaben. **20**	Die Angestellte hat die iranisch___ Staatsangehörigkeit. **19**	Ist das die korrekt___ Adresse? **18**	Die Pflegekraft hat Murali das falsch___ Dokument mitgegeben. **17**	In der lang___ Pause spricht Murali mit seiner Kollegin Greta. **16**
Die Reinigungskräfte putzen das schmutzig___ Büro. **11**	Eine Ärztin kümmert sich um den verletzt___ Patienten. **12**	Die Beraterin kann dem jung___ Mann weiterhelfen. **13**	Die Schicht beginnt am früh___ Morgen. **14**	Der Mitarbeiter reserviert das billig___ Zimmer. **15**
Bei der wichtig___ Besprechung haben drei Mitarbeitende gefehlt. **10**	In der Pause gehen alle an die frisch___ Luft. **9**	Der Kunde bedankt sich für das nett___ Gespräch. **8**	Die kreativ___ Arbeiten gefallen der Angestellten am besten. **7**	Den Schlüssel bekommt Murali von der zuverlässig___ Kollegin. **6**
START  **1**	Die Bäckerin nimmt die fertig___ Brötchen aus dem Backofen. **2**	Alle Teammitglieder bekommen den gleich___ Lohn. **3**	Murali bringt das kaputt___ Gerät in den Keller. **4**	Nach dem lang___ Wochenende sind alle fit und fröhlich. **5**

Lektion 8, Aufgabe A3 (S. 49)

A3 | a **Lesen Sie und ergänzen Sie die Antworten. Die Redemittel und die Angaben in Klammern helfen Ihnen. Lesen Sie das Gespräch anschließend laut.**

Da helfe ich Ihnen gern weiter: Sie können ...
Da muss ich beim Produktverantwortlichen nachfragen.
Das ist richtig so.

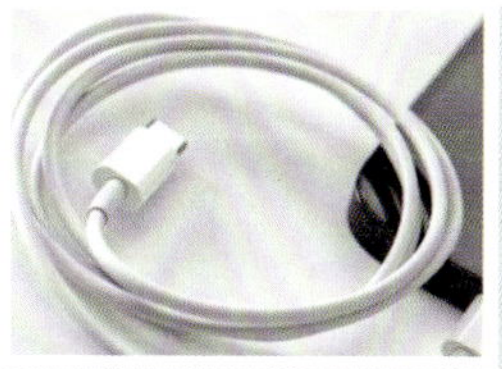

● das Ladekabel, –

◆ Guten Tag, wie kann ich Ihnen helfen?
○ Ich habe bei Ihnen ein Ladekabel bestellt und möchte mich beschweren. Ich bin damit nicht zufrieden.
◆ Oh, das tut mir leid. Welches Problem gibt es denn?
○ Ich habe drei Probleme. Problem 1: Sie machen Werbung, dass das Kabel umweltfreundlich ist. Aber das Kabel ist doch aus Gummi!
◆ (richtig, recyceltes Gummi) ....
○ Ach so. Gut. Mein zweites Problem ist: Ich habe einen alten Laptop ohne USB-C-Anschluss. Ich kann das Kabel nicht mit ihm verbinden.
◆ (weiterhelfen, Adapter kaufen) ....
....
○ Oh, das ist gut. Vielen Dank. Und jetzt noch zu meinem letzten Problem: Das „Schnellladekabel" lädt sehr langsam. Das Model heißt Menneskin Schnellladekabel und ich habe ein Simsan B23-Handy.
◆ (nachfragen) ....
Ich melde mich dann wieder bei Ihnen.
○ Vielen Dank.

b **Sich beschweren. Schreiben Sie ein Gespräch wie in A3 a. Der Notizzettel und das Dialograster helfen Ihnen. Spielen Sie das Gespräch.**

Produkt: Kopfhörer
Probleme
1. sehr schwer → normal, Technik ist schwer
2. zu hart → Polster kaufen
3. verbindet sich nicht mit Bluetooth,
   → beim Produktverantwortlichen nachfragen

● der Kopfhörer, –

◆ Guten Tag, wie kann ich Ihnen helfen?
○ Ich habe bei Ihnen .... bestellt und möchte mich beschweren. Das Modell heißt *PearPodMax5*. Ich bin damit nicht zufrieden.
◆ Oh, das tut mir leid. Welches Problem gibt es denn?
○ Ich habe drei Probleme. Problem 1: ....
◆ ....
○ Ach so. Gut. Mein zweites Problem ist: ....
◆ ....
....
○ Oh, das ist gut. Vielen Dank. Und jetzt noch zu meinem letzten Problem:
....
....

Aktion

◆ ....

....

Ich melde mich dann wieder bei Ihnen.

○ Vielen Dank.

Lektion 7, Aufgabe A2 (S. 43)

Person 2: (Person 1 → Seite 73)

A2 **Zu zweit: Sie möchten einen Bestell- und einen Lieferschein abgleichen. Person 1 liest den Bestellschein. Person 2 vergleicht mit dem Lieferschein. Sprechen Sie wie im Beispiel.**

	LIEFERSCHEIN		
Nr.	**Position**	**Bezeichnung**	**Stück**
1	● Kunstnägel	französisch	1 Paket à 500
2	● Tischlampe	silbern	1
3	● Arbeitsstuhl	grau	1
4	● Nagellack	farblos	1
5	● Desinfektionsmittel	geruchlos	1
6	● Nagelpinsel	fein	1 Paket à 50

◆ Hier stehen französische Kunstnägel.

○ Hier stehen auch französische Kunstnägel.

◆ Hier steht eine weiße Tischlampe.

○ Oh. Hier steht keine weiße Tischlampe.
Hier steht eine silberne Tischlampe.

Tipp:

Hier steht	● ein / kein [weiß]er ...
	● ein / kein [weiß]es ...
	● eine / keine [weiß]e ...
Hier stehen	● – [weiß]e / keine [weiß]en ...

Lektion 3, Aufgabe B4 (S. 20)

Person 1: (Person 2 → Seite 73)

B4|a **Sie arbeiten in einer Reinigungsfirma. Welche Aufgaben werden an welchem Tag gemacht? Lesen Sie die Liste und schreiben Sie Sätze wie im Beispiel.**

Montag	● Pflanzen gießen
Dienstag	K...
Mittwoch	● Kühlschrank reinigen
Donnerstag	
Freitag	● Regale und Schränke abwischen
Samstag	
Sonntag	● Treppenhaus wischen

Am Montag werden die Pflanzen gegossen.
Am Mittwoch wird ...

Tipp: ⚠ gießen – gegossen
reinigen – gereinigt
⚠ abwischen – abgewischt
wischen – gewischt
stellen – gestellt

b **Zu zweit: Sie besprechen die Aufgaben der Woche. Antworten Sie auf Fragen mit Sätzen aus a. Stellen Sie Fragen wie im Beispiel und ergänzen Sie die Liste in a.**

◆ Was wird am Montag gemacht?
○ Am Montag werden die Pflanzen gegossen. Was wird am Dienstag gemacht?
◆ Am Dienstag wird die Kaffeemaschine gereinigt. Was wird am ...?

Lektion 11, Aufgabe A4 (S. 67)

Person 1: (Person 2 → Seite 80)

A4| a **Sie sind Kundin / Kunde und möchten einen Schrank kaufen. Sie wollen mit der Beraterin / dem Berater noch ein paar Details besprechen. Spielen Sie das Gespräch. Wählen Sie bei Alternativen mit „/" eine Version aus.**

◆ Guten Tag, mein Name ist ... Ich komme wegen des Schranks.
○ ...
◆ Genau. / Stimmt. / Richtig. Welche Angebote hätten Sie für mich?
○ ...
◆ Mit Kleiderstangen? Ja, das wäre wirklich toll. / Das könnte ich mir gut vorstellen.
○ ...
◆ Mit Glastüren? Oh, interessant. Was würden Sie denn empfehlen? / Was halten Sie davon?
○ ...
◆ Ja, das könnte ich mir auch gut vorstellen. / Das wäre wirklich schön. Ich habe so viele Bücher.
○ ...
◆ Okay, ja, dann nehme ich die Glastüren. Und welche Griffe gibt es?
○ ...
◆ Was passt denn besser zu den Glastüren? Was würden Sie denn empfehlen?
○ ...
◆ Ja, gut. Wie viel würde das kosten?
○ ...
◆ Ah, das wäre ja wirklich toll. Vielen Dank!
○ ...
◆ Das ging ja schnell. Vielen Dank für die gute Beratung!
○ ...
◆ Auf Wiedersehen!

b **Zu zweit: Notieren Sie zusammen Stichworte für ein Beratungsgespräch in Ihrem Beruf / in Ihrer Firma. Üben Sie das Gespräch zu zweit und präsentieren Sie es.**

Lektion 11, Aufgabe A4 (S. 67)

Aktion

Person 2: (Person 1 → S. 79)

A4 | a **Sie sind Beraterin / Berater. Eine Kundin / Ein Kunde möchte einen Schrank kaufen. Sie müssen noch ein paar Details besprechen. Spielen Sie das Gespräch.**

- ◆ ...
- ○ Ah ja, guten Tag, Herr / Frau ... Mein Name ist ... Ich berate Sie heute, weil meine Kollegin leider nicht da ist. So, einen Moment, bitte. Genau, also, Sie möchten einen Schrank mit sechs Elementen?
- ◆ ...
- ○ Wir bieten verschiedene Elemente an. Sehen Sie hier: Die Elemente 1–3 sind alle einen Meter hoch und 80 cm breit. Es gibt sie auch mit Kleiderstangen. Was halten Sie davon?
- ◆ ...
- ○ Und für die Elemente 4–6 können Sie wählen: Es gibt sie mit Holztüren oder mit Glastüren.
- ◆ ...
- ○ Der große Pluspunkt einer Glastür ist, dass kein Staub ins Regal kommt. Und Sie können trotzdem alles sehen. Da können Sie dann Bücher oder so in den Schrank tun. Mit einer Glastür sieht das sehr schön aus.
- ◆ ...
- ○ Das ist dann genau das Richtige für Sie. Ich würde Ihnen also eine Glastür empfehlen.
- ◆ ...
- ○ Also, es gibt Griffe aus Holz und Griffe aus Metall.
- ◆ ...
- ○ Ja, also, ich würde Ihnen Griffe aus Metall empfehlen. Die passen besser zu den Glastüren.
- ◆ ...
- ○ Der Preis für die Griffe mit Lackierung wäre bei 50 Euro. Ich könnte Ihnen auch folgendes Angebot machen: Die Glastüren zusammen mit den Griffen könnte ich Ihnen für 150 Euro geben.
- ◆ ...
- ○ Ja wunderbar, dann haben wir schon alles besprochen. Wegen eines Termins für die Lieferung rufe ich Sie dann an.
- ◆ ...
- ○ Sehr gern! Dann: Auf Wiedersehen!
- ◆ ...

b **Zu zweit: Notieren Sie zusammen Stichworte für ein Beratungsgespräch in Ihrem Beruf / in Ihrer Firma. Üben Sie das Gespräch zu zweit und präsentieren Sie es.**

Grammatikübersicht

Grammatik

1 Nomen

1.1 Grundformen

		Nominativ	Akkusativ	Dativ	Genitiv
Sg.	●	der Schrank	den Schrank	dem Schrank	des Schranks
	●	das Regal	das Regal	dem Regal	des Regals
	●	die Tür	die Tür	der Tür	der Tür
Pl.	●	die Schränke	die Schränke	den Schränken	der Schränke

Tipp: Viele Nomen mit einer Silbe und Endung auf *-s*, *-ß* und *-z*: Genitiv → *-es*, z. B. *des Hauses*.

1.2 n-Deklination

		Nominativ	Akkusativ	Dativ	Genitiv
Sg.	●	der Kunde	den Kunden	dem Kunden	des Kunden

Tipp: Auch so: der Junge, der Kollege

1.3 Pluralbildung → Lektion 3

-en / -n / -nen	die Tür → die Türen; die Pflanze → Pflanzen; Gärtner → Gärtnerinnen
-e / ¨-e	das Regal → Regale; der Schrank → die Schränke; der Grund → Gründe
-er / ¨-er	das Mitglied → Mitglieder; das Gehalt → Gehälter
-s	der Tipp → die Tipps; der Job → die Jobs
– / ¨	das Lager → Lager; die Mutter → Mütter

1.4 Wortbildung

1.4.1 Endungen bei Berufsbezeichnungen

♂ Bäcker | ♀ Bäckerin | ⚥ Bäcker:in; Bäcker_in; Bäcker*in

1.4.2 Nomen mit *-ung* → Lektion 3

weiterbilden – die Weiterbildung
bewerben – die Bewerbung
bezahlen – die Bezahlung
erfahren – die Erfahrung

Tipp: Nomen mit *-ung* → *die*

1.4.3 Komposita (Nomen + Nomen) → Lektion 3

● der Computer		+ ● die Kenntnisse	= ● die Computerkenntnisse
● der Garten		+ ● die Arbeit	= ● die Gartenarbeit
● die Geburt	+ s	+ ● das Datum	= ● das Geburtsdatum
● die Geburt	+ s	+ ● der Ort	= ● der Geburtsort

Tipp: zusammengesetztes Wort → Artikel vom 2. Wort

2 Artikelwörter

	Singular			Plural
	●	●	●	●
Nominativ Da ist / sind ...	ein / kein / mein / der	ein / kein / mein / das	eine / keine / meine / die	– / keine / meine/ die
Akkusativ Ich habe ...	einen / keinen / meinen / den	ein / kein / mein / das	eine / keine / meine / die	– / keine / meine / die
Dativ mit ...	einem / keinem / meinem / dem	einem / keinem / meinem / dem	einer / keiner / meiner / der	– / keinen / meinen / den
Genitiv wegen ...	eines / meines / des	eines / meines / des	einer / meiner / des	– / meiner / der

Tipp: Auch so: *du → dein; er / es → sein; sie → ihr; wir → unser; ihr → euer; sie / Sie → ihr / Ihr*
⚠ ● euer Freund → euren Freund, ● eure Homepage

⚠ ● Samuel präsentiert seinen ● Lebenslauf / ● seine ● Homepage / sein ● Projekt / seine ● Projekte.
● Nurana präsentiert ihren ● Lebenslauf / ihre ● Homepage / ihr ● Projekt / ihre ● Projekte.

3 Pronomen

3.1 Personal- und Reflexivpronomen

Personalpronomen			reflexiv
Nominativ **Wer?**	**Akkusativ** **Wen?**	**Dativ** **Wem?**	
Ich bin Tom.	Ich stelle ihn vor.	Ich gebe ihm das Formular. ⚠ Ich gebe es ihm.	Ich bewerbe mich.
ich	mich	mir	mich
du	dich	dir	dich
er / es / sie	ihn / es / sie	ihm / ihm / ihr	sich
wir	uns	uns	uns
ihr	euch	euch	euch
sie / Sie	sie / Sie	ihnen / Ihnen	sich

3.2 Fragepronomen

Wen? → Akk.

Wen muss ich informieren?	● Den Chef. ● Das Sicherheitspersonal. ● Die Personalabteilung.

Bei wem? → Dat

Bei wem muss ich mich melden?	● Beim Chef. ● Beim Sicherheitspersonal. ● Bei der Personalabteilung.

Welch- und das Demonstrativpronomen *dies-*

● Welcher Schalter …?	Dieser.	Der.
● Welches Produkt …?	Dieses.	Das.
● Welche Nummer …?	Diese.	Die.
● Welche Flaschen …?	Diese.	Die.

3.3 Indefinitpronomen

jemand ? ↔ ***niemand (= keine/r)*** ✗
Hat das jemand gewusst?
Nein, das hat niemand gewusst.

etwas ? ↔ ***nichts*** ✗
Da kann ich etwas dagegen tun. ↔
Da kann ich leider nichts dagegen tun.

alles ✓ ↔ ***nichts*** ✗
Ist alles fertig?
Nein, nichts ist fertig!!

3.4 Das reziproke Pronomen *einander*

Kathrin und Ha-Joon, bitte unterstützt einander.

> **Tipp:** Auch so:
> miteinander – *Wir sprechen miteinander.*
> füreinander – *Wir sind füreinander da.*

4 Adjektive

4.1 Adjektivdeklination nach dem bestimmten Artikel

	Singular			Plural
	●	●	●	●
Nominativ Das ist / sind …	der große Parkplatz	das große Gebäude	die große Tür	die großen Bäume
Akkusativ Meinst du …?	den großen Parkplatz	das große Gebäude	die große Tür	die großen Bäume
Dativ mit / von …	dem großen Parkplatz	dem großen Gebäude	der großen Tür	⚠ den großen Bäumen

> **Tipp:** Auch so: Adjektive nach *dies-* und *welch-* *(dieser große Parkplatz)*

4.2 Adjektivdeklination nach dem unbestimmten, negativen und possessiven Artikel

	Singular			Plural
	●	●	●	●
Nominativ Da ist / sind ...	ein / kein / mein grüner Spiegel	ein / kein /mein weißes Kissen	eine / keine / meine weiße Lampe	– feine Pinsel / keine / meine feinen Pinsel
Akkusativ Ich habe ...	einen / keinen / meinen grünen Spiegel	ein / kein /mein weißes Kissen	eine / keine / meine weiße Lampe	– feine Pinsel / keine / meine feinen Pinsel
Dativ mit ...	einem / keinem / meinem grünen Spiegel	einem / keinem / meinem grünen Kissen	einer / keiner / meiner grünen Lampe	– feinen Pinseln / keinen / meinen feinen Pinseln

4.3 Komparation und Vergleichssätze mit *genauso ... wie* und *als*

Komparativ ++ Adjektiv + *-er*	⚠ hoch → höher hart → härter groß → größer teuer → teurer
Superlativ +++ *am* + Adjektiv + *-(e)sten*	Dieser Schrank ist am höchsten. Diese Kommode ist am größten. Dieses Holz ist am härtesten.

\+ Die Plastikgriffe sind schön.
++ Die Holzgriffe sind noch schöner.
+++ Die Metallgriffe finde ich am schönsten.

genauso* + Adjektiv + *wie

Die erste Kommode ist genauso hoch wie die zweite.

Adjektiv + *-er* + *als*

Die erste Kommode ist breiter als die zweite.

5 Ordinalzahlen

am 1. = am ersten	am 5. = am fünften	am 9. = am neunten
am 2. = am zweiten	am 6. = am sechsten	am 10. = am zehnten
am 3. = am dritten	am 7. = am siebten	am 11. = am elften
am 4. = am vierten	am 8. = am achten	am 12. = am zwölften

Tipp: *am + -en, der + -e*
◆ Hast du am ersten Fünften Zeit?
○ Ja, der erste Fünfte passt gut!

Tipp: *-ten* oder *-sten*?
1.–19. → -ten, z. B.: am 18. = am achtzehnten
20.–31. → -sten, z. B.: am 28. = am achtundzwanzigsten

6 Verben

6.1 Präsens

6.1.1 Grundformen

	sein	haben	⚠ arbeiten	heißen	kommen	wohnen
ich	bin	habe	arbeite	heiße	komme	wohne
du	bist	hast	arbeitest	heißt	kommst	wohnst
er / sie / es	ist	hat	arbeitet	heißt	kommt	wohnt
wir	sind	haben	arbeiten	heißen	kommen	wohnen
ihr	seid	habt	arbeitet	heißt	kommt	wohnt
sie / Sie	sind	haben	arbeiten	heißen	kommen	wohnen

Tipp: ⚠ Verben mit Vokalwechsel
a → ä: beraten → du berätst, er / es / sie berät
e → i: sprechen → du sprichst, er / es / sie spricht
helfen → du hilfst, er / es / sie hilft

6.1.2 Modalverben *können, müssen, dürfen* und *sollen*

	können	**müssen**	**dürfen**	**sollen**
ich	kann	muss	darf	soll
du	kannst	musst	darfst	sollst
er / es / sie	kann	muss	darf	soll
wir	können	müssen	dürfen	sollen
ihr	könnt	müsst	dürft	sollt
sie / Sie	können	müssen	dürfen	sollen

	Man darf nicht rauchen.
	Man muss sich die Hände waschen.

Man darf nicht essen. → Essen ist verboten.
Man muss nicht essen. → Essen oder nicht essen, beides ist okay.

6.1.3 Positions- und Richtungsverben mit Wechselpräpositionen

Wohin?* (+ Akkusativ)** ***stellen, legen, hängen	***Wo?* (+ Dativ)** ***stehen, liegen, hängen***
Bahira stellt die Flasche in die Kiste.	Jetzt steht sie in der Kiste.
Bahira legt die Handschuhe auf den Tisch.	Jetzt liegen sie auf dem Tisch.
Bahira hängt das Merkblatt an die Wand.	Jetzt hängt es an der Wand.

6.1.4 reflexive Verben

sich beschweren					
ich	beschwere	mich	wir	beschweren	uns
du	beschwerst	dich	ihr	beschwert	euch
er/es/sie	beschwert	sich	sie / Sie	beschweren	sich

Tipp: Auch so: *sich bedanken, sich bewerben, sich entschuldigen, …*

6.1.5 Verben mit Dativ und Akkusativ

	***Wem?* (Dativ)**	***Wen / Was?* (Akkusativ)**	
Ich empfehle	den Kunden	das Fortbildungsinstitut.	Nomen + Nomen = Dativ vor Akkusativ

	***Wem?* (Dativ)**	***Wen / Was?* (Akkusativ)**	
Ich empfehle	ihnen	das Fortbildungsinstitut.	Pronomen + Nomen = kurz vor lang
	***Wen / Was?* (Akkusativ)**	***Wem?* (Dativ)**	
Ich empfehle	es	den Kunden.	

	***Wen / Was?* (Akkusativ)**	***Wem?* (Dativ)**	
Ich empfehle	es	ihnen.	Pronomen + Pronomen = Akkusativ vor Dativ

6.2 Perfekt

6.2.1 regelmäßige und unregelmäßige Verben

regelmäßige Verben: *haben / sein + ge...(e)t*			
Ich	habe	als Koch	gearbeitet.
Dann	habe	ich eine Ausbildung	gemacht.

unregelmäßige Verben: *haben / sein + ge...en*			
Er	hat	einen Text	gelesen.
Sie	ist	nach Deutschland	gekommen.

Tipp: Es gibt weniger Verben mit *sein*. Sie beschreiben oft eine Bewegung (A → B), z. B. *gehen, fahren, …*

6.2.2 trennbare und nicht trennbare Verben

trennbar (z. B. *ab-, an-, auf-, nach-, vor-, zurück-, ...*)				**nicht trennbar** (z. B. *be-, ent-, ge-, ver-, zer-, ...*)			
Er	hat	mich	nachgeholt.	Ich	habe	etwas Geld	verdient.
Dort	habe	ich als Putzhilfe	angefangen.	Deshalb	habe	ich den Kurs	besucht.

Tipp: Nicht trennbare Verben haben kein *-ge-* im Perfekt.

6.2.3 *sein, bleiben* und Verben auf *-ieren*

sein **und** ***bleiben***				**Verben auf** ***-ieren***			
Sie	ist	in Deutschland	gewesen.	Mirsada	ist	ein Fehler	passiert.
Er	ist	in Deutschland	geblieben.	Der Chef	hat	Mirsada	kritisiert.

6.3 Imperativ

	trennbar	**nicht trennbar**
	(die Tische) ab|wischen	*(den Reiniger) benutzen*
du	~~du~~ wisch~~st~~ → Wisch bitte die Tische ab!	~~du~~ benutz~~t~~ → Benutz bitte den Reiniger!
ihr	~~ihr~~ wischt → Wischt bitte die Tische ab!	~~ihr~~ benutzt → Benutzt bitte den Reiniger!
Sie	Sie wischen → Wischen Sie bitte die Tische ab!	Sie benutzen → Benutzen Sie bitte den Reiniger!

6.4 Passiv

		Subjekt / Nom.		**Akk.**		
	Aktiv	Wir	wischen	den Boden.		
Sg.	Passiv	Der Boden	wird		(von uns)	gewischt.

		Subjekt / Nom.		**Akk.**	
	Aktiv	Man	wischt	die Tische	ab.
Pl.	Passiv	Die Tische	werden		abgewischt.

Tipp: Das Passiv wird gebildet mit *werden* + Teil 2 des Perfekts *(ge...(e)t)*. Das Subjekt im Aktivsatz (z. B. *Wir*) kann im Passivsatz mit *von* + Dat. *(von uns)* ergänzt werden. Man lässt es aber oft weg.

7 Präpositionen

7.1 temporale Präpositionen

	+ Akkusativ
am	am fünften Mai / Montag
bis	bis Mai
für	für drei Tage / eine Woche
über	über Ostern / die Feiertage; übers Wochenende
um	um 6 Uhr
von ... bis ...	vom fünften bis zehnten Mai, von Montag bis Freitag, von Mai bis Juni

	+ Dativ
in / im	in zehn Tagen / einer Woche; im Mai / Frühling
seit	seit fünf Tagen / vielen Jahren
vor	vor einem Monat

Tipp:
über + das = übers

7.2 modale Präpositionen

+ Akkusativ	ohne ✗	ohne ● den / einen Stift; ohne ● das / ein Buch; ohne ● die / eine Tasche; ohne ● die Bücher / ohne Bücher
+ Dativ	mit ✓	mit ● dem / einem Stift; mit ● dem / einem Buch; mit ● der / einer Tasche; mit ● den Büchern / mit Büchern

7.3 lokale Präpositionen / Richtungen

+ Akkusativ	durch		durch ● einen Raum / ● ein Zimmer / ● eine Tür
	entlang		● einen Flur / ● ein Ufer / ● eine Straße entlang
+ Dativ	an ... vorbei		an ● einem Raum / ● einem Zimmer / ● einer Tür vorbei
	bis zu	→■	bis zu ● einem Raum / ● einem Zimmer / ● einer Tür
	von ... zu	■→■	von ● einem Raum / ● einem Zimmer / ● einer Tür zu ● einem Raum / ● einem Zimmer / ● einer Tür
	nach	→, ←, ↑, ↓	nach rechts / links / oben / unten

7.4 Wechselpräpositionen / Richtungen und Orte

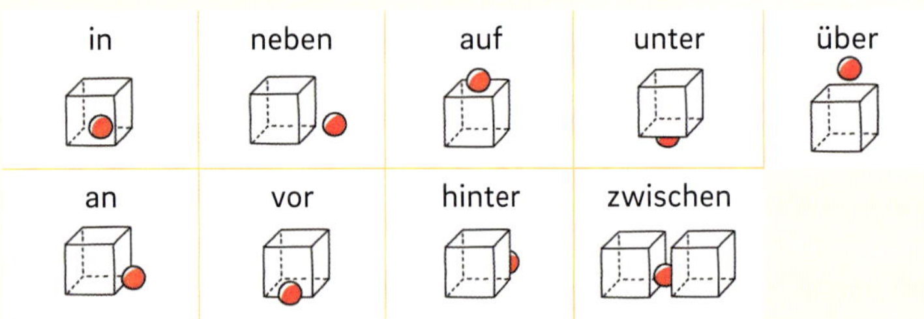

Tipp:
Es gibt neun Wechselpräpositionen *(an, auf, in, hinter, neben, über, unter, vor, zwischen)*.

***Wohin?* (+ Akkusativ)** A→B Legen / Füllen / Stellen Sie die Flaschen ...		***Wo?* (+ Dativ)** B Die Flaschen liegen / sind / stehen ...	
in	● den Rückgabeautomaten. ● das Gerät. ● die Maschine. ● die Behälter.	in	● dem Rückgabeautomaten. ● dem Gerät. ● der Maschine. ● den Behältern.

Tipp:
in dem = im
an dem = am

8 Adverbien

8.1 Fragewörter und Pronominaladverbien

1 ◆ Ich träume schon von Beschwerden.	○ Wovon? ... Ach, davon.
2 ◆ Achte auf die Länge!	○ Worauf? ... Ach, darauf.
1 *wo-/da- + bei, für, von, nach*	2 ⚠ *Wor-/dar- + an, auf, aus, über, um*

8.2 Direktionaladverbien → Lektion 8

nach oben = rauf Bring bitte den Schlüssel rauf!		nach unten = runter Geh bitte ins Lager runter!	
nach drinnen = rein Ich komme nicht rein.		nach draußen = raus Bring bitte den Müll raus.	
nach drüben = rüber Kannst du kurz zu ihr rübergehen?		rund um etwas = drum herum Saug einfach drum herum!	

Tipp: *rauf, runter, rein, raus, rüber* und *drum herum* benutzt man in der Umgangssprache.

9 Sätze / Satzbau / Wortstellung

9.1 W-Fragen und Aussagesätze: Position des Verbs

W-?	Wie	heißen	Sie?
	Woher	kommst	du?
	Wo	wohnst	du?

●	Ich	heiße	Abla Niang.
	Ich	komme	aus Kenia.
	Ich	wohne	in Köln.

9.2 *Ja / Nein*-Fragen: Position des Verbs

Ja / Nein-?	Haben	Sie	eine Ausbildung?	✓Ja. / × Nein.
	Hast	du	einen Führerschein?	

9.3 Satzklammer (Perfekt)

●	Ich	habe	als Mechatronikerin	gearbeitet.
W-?	Als was	hast	du	gearbeitet?
Ja / Nein-?	---	Hast	du als Mechatroniker	gearbeitet?

9.4 Satzverbindungen

9.4.1 Satzstellung im Haupt- und Nebensatz

Hauptsatz			Nebensatz	
Für mich	ist	wichtig,	dass ich genug Zeit	habe.
Ich	wünsche	mir,	dass ich Spaß bei der Arbeit	habe.

Nebensatz		Hauptsatz	
Wenn ich Menschen	helfen kann,	bin	ich glücklich.
Dass ich genug Geld	verdiene,	ist	mir sehr wichtig.

9.4.2 Sätze mit *denn, deshalb* und *weil* (Grund: warum?)

Hauptsatz		Hauptsatz		
Man braucht Übersetzungen,	denn	die Personaler	sprechen	nicht alle Sprachen

Hauptsatz	Hauptsatz		
Die Personaler sprechen nicht alle Sprachen.	Deshalb	braucht	man Übersetzungen.

Hauptsatz	Nebensatz	
Man braucht Übersetzungen,	weil die Personaler nicht alle Sprachen	sprechen.

9.4.3 Hauptsätze mit *trotzdem* (Gegengrund)

Hauptsatz	Hauptsatz			
Es ist jetzt etwas stressig.	Trotzdem	bleiben	wir ruhig!	
Man soll nicht anrufen.	Ich	rufe	trotzdem	an.

9.4.4 Nebensätze mit *dass* → Lektion 6

Hauptsatz	Nebensatz	
Ich hoffe,	dass alles in Ordnung	ist.
Vielen Dank,	dass Sie mir den Arbeitsvertrag	geschickt haben.
Es ist wichtig,	dass ich meine Arbeitszeit flexibel	planen kann.

9.4.5 Nebensätze mit *wenn* (Bedingung)

Hauptsatz			Nebensatz	
Sie	bekommen	einen Rabatt von 20%,	wenn Sie mich im Juli	buchen.

Nebensatz		Hauptsatz		
Wenn Sie noch Fragen	haben,	nehmen	Sie gern Kontakt mit mir	auf.

9.4.6 Nebensätze mit *als* (Zeit: wann?)

Hauptsatz				**Nebensatz**	
Du	hast	mich sofort	angerufen,	als du damals die Zusage	bekommen hast.

Nebensatz		**Hauptsatz**		
Als du damals die Zusage	bekommen hast,	hast	du mich sofort	angerufen.

9.4.7 Nebensätze mit *wenn* und *als* (Zeit: wann?)

früher	
einmal	Als du die Zusage bekommen hast, hast du mich sofort angerufen.
öfter	(Immer) Wenn ein Kollege krank war, konnten sie mich anrufen.

9.4.8 Indirekte Fragesätze

	direkte Frage	**indirekte Frage**
W-?	Welche Größen haben Sie?	*Ich würde gern wissen,* welche Größen Sie haben.
		Können Sie mir sagen, welche Größen Sie haben?
Ja / Nein-?	Haben Sie gute Bohrer für Holz?	*Ich würde gern wissen,* ob Sie gute Bohrer für Holz haben.
		Können Sie mir sagen, ob Sie gute Bohrer für Holz haben?

Tipp: Auch so: *Mich würde interessieren, ... / Wissen Sie, ...?*

9.4.9 Relativsätze im Nominativ

Hauptsatz	**Hauptsatz**
Sie haben ● den Nagellack geschickt.	Der ~~Nagellack~~ soll sehr gut sein.
Sie haben ● ein Handkissen geschickt.	Das Handkissen ist weiß.
Sie haben ● eine Lampe geschickt.	Die Lampe ist silbern.
Sie haben ● Produkte geschickt.	Die Produkte waren nicht in der Bestellung.
Hauptsatz	**Nebensatz (Relativsatz)**
Sie haben ● den Nagellack geschickt,	der sehr gut sein soll.
Sie haben ● ein Handkissen geschickt,	das weiß ist.
Sie haben ● eine Lampe geschickt,	die silbern ist.
Sie haben ● Produkte geschickt,	die nicht in der Bestellung waren.

9.4.10 Relativsätze im Akkusativ

Das ist ein tolles Material. Die Kunden lieben ● **das** Material.

Das ist ein tolles Material, ● das die Kunden lieben.

Das ist unser Katalog. Sie bekommen ● **den** Katalog am Stand.

Das ist der Katalog, ● den Sie am Stand bekommen.

Das ist	● der Bohrer,	● den	ich super finde.
	● das Material,	● das	
	● die Zange,	● die	
Das sind	● die Perlen,	● die	

Cover © Getty Images/E+/Pekic
U2 und U3: Kartografie-Service: © www.landkarten-erstellung.de HF/AB

S. 6: Jomel © Getty Images/iStock/Worawee Meepian; Mann © Getty Images/E+/Hispanolistic; Gabelstapler © Getty Images/iStock/f9b65183_118

S. 7: Team ; Dienstplan Illustration: Sieveking Agentur, München; Urlaub © Thinkstock/iStock/erwo1; Arbeitszeit © Getty Images/iStock / Getty Images Plus/Ralf Geithe; Kantine © Getty Images/iStock/Vladitto

S. 8: Pausenraum © Getty Images/iStock/ismagilov; Kopierraum © Getty Images/iStock/a40757; Umkleide © Thinkstock/iStock/Aleksandar Dimitrov; Lagerzone © iStockphoto/werny;Kantine © Getty Images/E+/Hispanolistic; Warenausgang © Getty Images/E+/ljubaphoto

S. 9: Mann © Getty Images/iStock/Worawee Meepian

S. 11: © Getty Images/iStock/fizkes

S. 12: Bahira © Getty Images/iStock/Liubomyr Vorona

S. 13: A © Getty Images/iStock/t_kimura; B © blattwerkstatt – stock.adobe.com; C und D © fotolia/bilderzwerg; E © Getty Images/iStock/yongyut Chanthaboot; F © Getty Images/iStock/extracoin; G © jusep – stock.adobe.com; H © Getty Images/iStock/Naronglit Suksai; Rauchverbot © jusep – stock.adobe.com; Hände waschen fotolia/bilderzwerg; Mockup Handy © Getty Images/iStock/Hand-robot; Gebot Helm © T. Michel – stock.adobe.com

S. 16: Petrj © Getty Images/iStock/ysbrandcosijn

S. 17: Rauchverbot © jusep – stock.adobe.com; Hände waschen fotolia/bilderzwerg; on/off © Getty Images/iStock/eduardrobert

S. 18: Dragan © Getty Images/iStock/kzenon; aufräumen © Getty Images/iStock/thodonal; waschen © iStockphoto/M_a_y_a; abwischen © Getty Images/iStock/AndreyPopov; reinigen © Getty Images/iStock/AndreyPopov; wischen © Getty Images/iStock/kzenon; Fenster putzen © Getty Images/iStock/AlexRaths; Staubsaugen © Thinkstock/iStock/Wavebreakmedia; Mülleimer © Getty Images/iStock/The Image Bank/Justin Geoffrey; Toilette © Getty Images/iStock/bymuratdeniz

S. 20: Personen © Getty Images/iStock/kzenon

S. 22: Ampel © Thinkstock/iStock/makok

S. 24: Filipa © Getty Images/E+/sanjeri

S. 26: Kalender © zinkevych – stock.adobe.com

S. 30: Murali © Getty Images/E+/JohnnyGreig; Anmeldung © Getty Images/E+/Hispanolistic; Blutprobe © Getty Images/E+/FluxFactory; Dokument © Getty Images/iStock/AndreyPopov; Labor © Getty Images/iStock/gorodenkoff; Rollstuhl © Getty Images/iStock/YakobchukOlena; Röntgenbild © Kurhan – stock.adobe.com

S. 33: Schrank © Getty Images/iStock/Bilanol

S. 34: Produktionsfotos: Alexander Sascha Keller, München

S. 36: Amira © Getty Images/E+/valentinrussanov; Mann © Getty Images/iStock/Liubomyr Vorona; Mockup Handy © Getty Images/iStock/Davyd Volkov; Säge © minik – stock.adobe.com; Hammer © Getty Images/iStock/User2547783c_812; Hobel © Getty Images/iStock/Melena-Nsk; Pinsel © ronstik – stock.adobe.com; Öl © Ingo Bartussek - stock.adobe.com; Lack © Getty Images/iStock/ljubaphoto; Hobelmaschine © Getty Images/iStock/roxanabalint; Schleifpapier © Lazy_Bear – stock.adobe.com; Mockup Handy und Hand © Getty Images/iStock/Hand-robot; Akkuschrauber © Apart Foto – stock.adobe.com

S. 37: Skizze Tipp © Getty Images/iStock/ourlifelooklikeballoon; Geldscheine © Getty Images/iStock/deepblue4you; Münzen © fotolia/msp12

S. 38: ÜB1a Skizzen © Getty Images/iStock/ourlifelooklikeballoon; Metallgriff © Getty Images/iStock/megakunstfoto; Holzgriff © Getty Images/iStock/LiuNian; Plastikgriff © Getty Images/iStock/Kevin Brine

S. 40: Illustration © Getty Images/iStock/ksana-gribakina

S. 41: Schreibtisch links © Getty Images/iStock/me4o; Schreibtisch rechts © Getty Images/iStock/Liudmila Chernetska; Sizzen Schränke © Getty Images/iStock/ourlifelooklikeballoon; Kugelschreiber 1 © Getty Images/iStock/PictureSyndicate; 2 © Dennis – stock.adobe.com; 3 © Getty Images Plus/iStock/ottoshtekker; Schrank Björn © GettyImages/E+/scibak; Schrank Resi © Getty Images/iStock/ARTYuSTUDIO

S. 42: Luis © Getty Images/iStock/Yastrebinsky; Lampe Lian © Getty Images/iStock/Dot polkadot; Lampe © Getty Images/iStock/SpicyTruffel; Handkissen © Yana Perelotova – stock.adobe.com; Desentfektionsspender © Getty Images/iStock/Andrey Zhuravlev; Desentefektionsmittel © Getty Images/iStock/Evgeniy Skripnichenko; Nagellack © Getty Images/iStock/Tolola; Nagellackentferner © Getty Images/iStock/ArtDiktator; Nagelpinsel © Getty Images/iStock/excentric_01

S. 44: Pakete © Getty Images/iStock/farakos

S. 48: Aka © Getty Images/iStock/inside-studio

S. 49: Mann © Liubomir – stock.adobe.com

S. 51: Laptop © Thinkstock/iStock/golubovy

S. 54: Samuel © Getty Images/E+/Tassii; Kreise © Getty Images/DigitalVision Vectors/naqiewei; Mockup Handy © Getty Images/iStock/Davyd Volkov; Perlen © Getty Images/iStock/VvoeVale

S. 55: Werkzeug © Thinkstock/iStock/Oliver Hoffmann

S. 56: Holzklötze © Getty Images/iStock/Liens

S. 58: Adam © Getty Images/iStock/Nattakorn Maneerat; Mia © Getty Images/E+/Delmaine Donson; Tobi © Getty Images/iStock/FG Trade; Cem © Thinkstock/iStock/amazingmikael; Blatt und Stift © Getty Images Plus/iStock/da-vooda; Sprechen © Getty Images Plus/iStock/da-vooda

S. 60: Nurana © Getty Images/iStock/Prostock-Studio

S. 61: Hintergrund Hochzeitspaar © sonyachny – stock.adobe.com; Blumen © satit – stock.adobe.com; Kamera © Getty Images/iStock/Suesse

S. 62: Nurana © Getty Images/iStock/Prostock-Studio; Hochzeitspaar © sonyachny – stock.adobe.com; Kamera © Getty Images/iStock/Suesse; Playbutton © Thinkstock/iStock/MaximStepanov

S. 66: Ha-Joon © Getty Images/E+/Drazen_; Schrank © Getty Images/iStock/urfinguss

S. 67: Geschäft © Getty Images/E+/Hispanolistic
S. 73: Kollegen © Getty Images Plus/iStock/gorodenkoff
S. 74: Würfel © GettyImages/E+/HocusFocus
S. 76: Würfel © GettyImages/E+/HocusFocus; Zielflagge © Thinkstock/iStock/browndogstudios; Spielfigur © Thinkstock/iStock/EdnaM
S. 77: Ladekabel © Getty Images/iStock/deepblue4you; Kopfhörer © Getty Images/iStock/tiler84
S. 84: Rauchverbot © jusep – stock.adobe.com; Hände waschen fotolia/bilderzwerg

Illustrationen:
Mascha Greune, München
Bildredaktion:
Natascha Apelt, Hueber Verlag, München

Inhalt der MP3-Downloads zum Buch

Sprecherinnen und Sprecher (Kurs- und Arbeitsbuch):
Stefanie Dischinger, Peter Frerich, Marc Fuhr, Lenny Peteanu, Verena Rendtorff, Manuel Scheuernstuhl, Patricia Strasburger, Angelika Utto, Walter von Hauff, Dascha von Waberer, Lara Wurmer

Produktion:
Atrium Studio, München

Notizen

Notizen

Notizen